徽州古村落文化研究丛书

HUI ZHOU YAN SHANG WEN HUA YAN JIU

徽州盐商文化研究

——以棠樾为例

江巧珍 孙承平 著

合肥工业大学出版社

图书在版编目(CIP)数据

徽州盐商文化研究:以棠樾为例/江巧珍,孙承平著.—合肥:合肥工业
大学出版社,2017.2
ISBN 978-7-5650-3251-6

Ⅰ.①徽…　Ⅱ.①江…②孙…　Ⅲ.①盐业史—研究—歙县
Ⅳ.①F426.82

中国版本图书馆 CIP 数据核字(2017)第 025049 号

徽州盐商文化研究
——以棠樾为例

江巧珍　孙承平　著		责任编辑　张　慧　王钱超　郭娟娟	
出　版	合肥工业大学出版社	版　次	2017 年 2 月第 1 版
地　址	合肥市屯溪路 193 号	印　次	2017 年 3 月第 1 次印刷
邮　编	230009	开　本	710 毫米×1000 毫米　1/16
电　话	总 编 室:0551-62903038	印　张	9
	市场营销部:0551-62903198	字　数	155 千字
网　址	www.hfutpress.com.cn	印　刷	安徽联众印刷有限公司
E-mail	hfutpress@163.com	发　行	全国新华书店

ISBN 978-7-5650-3251-6　　　　定价：29.80 元
如果有影响阅读的印装质量问题,请与出版社市场营销部联系调换。

前　言

　　众所周知，徽州商帮中，盐商是中坚力量，而在经营盐业的徽州商人中，以歙县盐商势力最大。民国《歙县志》说："邑中商业，以盐典茶木为最著，在昔盐业尤兴盛焉。两淮八总商，邑人恒占其四，各姓代兴，如江村之江，丰溪、澄塘之吴，潭渡之黄，岑山之程，稠墅、潜口之汪，傅溪之徐，郑村之郑，唐模之许，雄村之曹，上丰之宋，棠樾之鲍，蓝田之叶，皆是也。"《歙县志》里提到歙县的十四个盐商家族村落，我们多次去进行考察，现在的文化遗产十不存一，保存最完整的是西乡棠樾村。我们从棠樾七座牌坊下走过时，总感到不是"忠孝节义"的简单排列，而是一定存在更深层次的起因。30 年前，对徽州文史有独特见解的舒征灌先生告诉我们，清代立牌坊，要得到皇帝的御批，打通关节所花的银子要比建造牌坊的造价高得多，这种代价只有大盐商才能承受，因此歙县的牌坊大多是大盐商出钱为家族立的。这就无意中给我们列出一个课题——徽州盐商文化。带着这个课题，我们在歙县采风时发现牌坊多的村子，在清康乾盛世时几乎都有族人是大盐商，如现存五座牌坊的雄村、郑村、许村、洪坑村等；被誉为徽州凯旋门的许国八脚牌坊，也是盐商世家立的；拥有第二牌坊群的稠墅村的汪廷璋，乾隆年间担任过两淮总商。棠樾村的鲍树民先生认为，棠樾的牌坊群就是大盐商鲍志道设计和修建，由鲍漱芳完成的。但是在歙县现存的 101 座牌坊中，与"盐"直接有关的牌坊只有棠樾"盐运史司鲍漱芳"的"乐善好施"坊。这也是徽州盐商文化的特殊性之一，把"业盐致富"隐去，只显示"忠孝节义"。正是这种特殊性成为激起我们收集徽州盐商的资料的动力。我们曾收集到几本清代徽州盐商个案的手抄本，如歙县渔岸村余氏盐商的《疏文誓章稿》、岑山渡村程氏盐商的《淮北盐商程德中公文汇抄》、同治元年（1862）休宁上溪口村洪氏盐商的《分家阄书》、同治九年（1870）祁门永馨盐酱店《合同存底》和歙县江村的《二房资产清簿》等。我们利用这些第一手资料，在《清史研究》上发表了《徽州盐商个案研究〈疏文誓章稿〉剖析》、在《安徽师范大学学报》上发表了《徽州盐商兴衰的典型个案》、在《徽州文化研究》上发表了《〈从浮价病民案〉试析嘉庆中期徽州盐商衰退的原因》等文章。另外我们还注重对徽州宗谱的收集和研究。

黄山学院原党委书记汪良发先生在"徽州谱牒：家族与社会"国际研讨会上说："谱牒是中国宗法社会特有的文化，它不仅承载了中国宗法社会的姓氏、宗族、世系等，而且也展示了人口、族规、族约、土地关系、教育、生产、生活、民情风俗等发展情况，是研究中国历史和文化生活的重要文献资料。古徽州是特别重视宗法制度的地区，各姓各族，十分重视修撰宗谱。徽州留下的谱牒之多，是全国少见的。要说研究徽州文化，这是一大富矿。"中国现存的各类谱牒中，徽州的族谱数量最多，也最富有研究价值。族谱是"家之大典"，与祠堂祭典一样重要。徽州的谱牒中汇集了大量的文献资料，其中相当一部分是其他文献中没有记载或者是失传的。徽州的谱牒经过历年的损毁，大多数已不存世或成了孤本，例如笔者所在的歙县桃源坞济阳江氏宗谱，只知安徽省博物馆1964年从族人手中征集到一套。20世纪90年代《历史大观园》曾刊登许宗元的一篇文章，说这套谱记载有新安画派鼻祖渐江的世系。所以《新安东关济阳江氏宗谱》成了笔者梦寐以求的宗谱。近年我有幸收集到四册《新安东关济阳江氏宗谱》，其中《送运长少溪江公入觐序》和《赠大醣伯少溪江公序》记载了万历后期盐法崩坏之时，入闽盐商"惨莫聊生，十九逃亡，以至仓如悬罄，帮若晨星，公私交困，盐政弊坏"的状况，以及江少溪治理福建盐政有功绩，受到入朝觐见万历皇帝的嘉奖等情节，是研究明代盐政的重要史料。如果说新安画派的渐江、江注出自盐商家族，那么另一位画家程嘉遂也和盐商家族有关。据我们收集到的《歙西长翰山程氏宗谱》记载，程氏家族的程新阳，经营浙盐，与程嘉遂父亲交往厚善，每过吴，都要程嘉遂在家中小住；清代程财源，经营淮南盐发财后，和姻亲洪坑的洪日晖，出资重修程氏宗祠等。这说明在明清两代，盐商们致富后打牢家族的经济基础，为家族文化事业的兴起提供了丰厚的物质条件。新安画派中有的本身就是大盐商，如著名画家李流芳等。至于收藏善本书籍、名人法帖的盐商更比比皆是，这就是所谓的盐商文化。

盐商文化还有一个特点，就是尽力宣扬祖上的鸿儒名宦、忠孝节义，而对于业盐成巨富的过程很少述及。前述的歙县现存的 101 座牌坊是这样，棠樾鲍氏的几种宗谱的记载也是如此。鲍荣的七世孙鲍永高（1197—1271）在南宋末年开始收集鲍荣之后可考的资料，宋开庆元年（1259）编著棠樾鲍氏的宗谱。由于鲍永高收集祖先资料时认真仔细，编著宗谱时一改"攀附显贵"等弊病，把鲍荣之前不太可靠的传说剔除，因此棠樾鲍氏三族的宗谱资料是比较详细和可靠的。笔者主要的参考资料之一是清乾隆二十五年（1760）二十四世孙鲍光纯主编的《重编棠樾鲍氏三族宗谱》（20 册 200 卷），将鲍荣支下与迁派的棠樾、蜀源、岩镇三地的族系全部收录，成为一部完整介绍棠樾鲍氏三族系列史料。鲍氏在棠樾的一族枝叶茂盛，分成许多支派，如鲍居美有二子鲍汉、鲍泳，分成汉公派和泳公派；鲍泳之下又分成寿孙派和万四公（庆云公）派；万四公之下又分成珪公派和衢公派；珪公派下分成相童、铁童、继善、宗庆、助庆、文庆、隆庆、瑞庆、福得、民得、祖荣、敦善、家善、万善等二十派；万善公派之下更是人丁兴旺，有若松、若梅、象贤等 21 个曾孙。这些支派大部分外迁，在棠樾本里居住的只占其中很少一部分。30 年后的嘉庆初年棠樾的大盐商鲍志道和族侄鲍琮（学坚）编纂更能体现棠樾本里鲍氏的族谱《棠樾鲍氏宣忠堂支谱》。此谱是支谱，宗 16 世祖鲍象贤为支祖。这两种宗谱是笔者主要的参考资料之一，也是棠樾鲍氏盐商留下的文化遗产之一。

徽州

003

棠樾鲍氏留下的文化遗产极为丰富，其主要原因：一是大盐商鲍志道鲍启运兄弟是穷苦出身，了解世道的艰难，在最富裕时不奢侈挥霍，把大量的资产转移到宗族资产和文化事业上；二是他们是在盐政发生重大变化之前急流勇退，逃过使大多数盐商遭到灭顶之灾的劫难，这样才能为后人留下如此丰富的文化遗产，留下典型的盐商文化村——棠樾。

笔者还注意对有关棠樾的文书资料特别是手抄本的收集。徽州手抄本是中国古代文化史上一个独特的历史文化现象，深受历代文学家、学者与藏书家珍爱。因其仅靠亲笔抄录，底本较其他各类善本更为稀少，加之社会动荡、天灾、战乱、文化浩劫等因素破坏，存世之量真如凤毛麟角，是徽州历史上的"文化标本"。从 20 世纪 50 年代起，原徽州一府六县范围内，几十万件反映徽州民间实态的契约文书陆续被发现，其中包括徽州各种手抄本，它是在长期的历史变迁中形成、发展且传承沿用于古徽州六县境域内一种自成体系的草根形式的原始记录。由于手抄本是可遇而不可求

的，收集起来除了拥有一定的文史知识和鉴别能力之外，全靠脚勤和运气。笔者曾收集到几本清末民初有关棠樾鲍氏的手抄本，如道光年间《鲍氏元宵会簿》、鲍集成编著、盐商鲍漱芳校订并写有序言的《疮疡经验》、民国年间抄本《岩镇鲍氏宗谱》和《鲍桂星年谱》等，特别是棠樾村鲍鸿的《楹联汇稿》是鲍鸿在辛亥革命前后为歙县西乡的庆吊、社戏所作楹联汇集，大部分楹联前有引言。

　　楹联既是文学的一种形式，更是社会现象的一种舆论。中国历史的发展表明，楹联反映着一定时代的民心民意，代表着广泛的社会舆论，甚至反映政治变迁的趋势，表达了某种蕴含着真理的内容；它以工整对仗的文字形式，寄寓了严肃的政治思考。楹联对于社会文化现象做出直接快捷的反应，始终保持着清醒的批判意识，它代表了民间的意识形态，蕴含了民众的政治心声。《楹联汇稿》是歙县西乡清末民初时期反映徽州生活习俗和思想感情的民间艺术，有着丰富的历史价值、深刻的教育价值和较高的审美价值，也是棠樾鲍氏留下的文化遗产之一，值得分析和研究。

徽州

目　录

徽

州

徽
州

第一章　歙县盐商村落的兴起
和族神崇拜

一、歙县西乡的水利工程为徽商提供了原始资本

　　歙县是富甲天下的徽商故里之一，歙县的西乡为盆地构造，土质肥沃，是古徽州最富饶的地域。发源于黄山南麓的丰乐河流经西乡盆地，河床豁然开阔，东汇入练江，环绕歙县县城后在浦口处汇入新安江。丰乐河两岸的绿荫中掩映着粉墙黛瓦的古民居，分布着呈坎、潜口、竦塘尾、琶村、石桥、西溪南、长龄桥、岩镇、堨田、唐模、棠樾、蜀源、稠墅、郑村、西溪、潭渡、黄潭源等古村落。历史上歙县西乡人文荟萃，名胜古迹星罗棋布，现存徽派古建筑3000多处，被誉为古建长廊。世界闻名的棠樾牌坊群就是这条古建长廊上最璀璨的明珠。

　　歙县西乡的富饶除了得天独厚的肥沃土质外，还得益于早期的水利工程——堨的兴建。乾隆时期歙县西乡人黄宗羲，在他所著《古歙乡音集证》中对"堨"的乡音和字义作出明确的考证："堨，本言杰，乡音惠。俗谓壅土导水以灌溉田曰作堨。《说文》：堰也，以土障水也。《魏志》：治吴塘诸堨以溉稻田。"所以堨是一种引水堰坝，大河上的堨一般用岩石建成拦河坝，将河水斜向截断，坝体上一般建有外堨口和内引水堨口。外堨口用于航运，内堨口用于灌溉。洪水时，大部分水越坝而过，可及时泄洪；枯水时，水位被挡水坝抬高，保证了内堨口的自流灌溉用水。多座堨的修建，使得丰乐河西乡段的两岸成为旱涝保收的自流灌溉良田庄园。有的村子干脆就用堨来命名，如昌堨、堨田、富堨等。

　　据史书记载：东晋咸和二年（327），鲍宏在丰乐河上的岩镇下段建鲍南堨，这是徽州见诸文字最古老的引水灌溉工程。原堨坝长160丈，分南、北支渠引水，共灌田3700亩。鲍南堨历时1600余年，得以沿用到今，历代重视维修管理是重要原因之一。

吕塝建于梁大通元年（527），是徽州古代规模最大的引水灌溉工程，位于丰乐河西溪南村下段，由新安内史吕文达同妻兄率村民所建。塝坝高5丈许、长20余丈，分南、北两渠引水，南渠灌田1万余亩，北渠倍之。清康熙五十九年（1720），采石改筑石坝80余寻（每寻8尺）。乾隆十九年（1754），洪水毁坝，渠道淤塞，半数水田沦为旱地，经修复后，北渠仅灌田3187亩，南渠灌田1600亩。嘉庆四年（1799）重疏南、北渠。咸丰元年（1851）渠道复淤，郡人宋达秀倡议重修，经营7年，始告成。

雷塝坐落在丰乐河西溪南上段，南宋祥兴元年（1278）由程迁率子8人开筑，清咸丰末年淤废。同治三年（1864），由程永和倡修，历时五年竣工。干渠1条，支渠分四圳，迂环5千米，直至岩镇下临河村，灌溉农田1700亩。

昌塝坐落在富山村上村头的丰乐河上。南宋绍兴年间富山余希亮、莘墟吴大用合两族人之群策群力建成。引丰乐水，经谷山、田干、里干、莘墟、田里至余家山，灌溉农田3000亩。现在莘墟村还保存着"大用公祠"，它是吴代祭祀开凿冒塝的先祖吴大用的公祠，也是管理冒塝水务、处理水事纠纷的场所。

条龙塝，入口在丰乐河上游芭村，明正德元年（1506）西溪南吴姓开筑。内有干渠1条，长1千米；支渠2条，长4千米；斗渠45条，总长50千米，灌溉农田3000亩。

上述统称丰乐河五大古塝。

棠樾大姆塝

　　各古村的家族还在各支流上修建水利工程，如西溪南吴氏在灵金河上修建了大、小姆堨；唐模许氏在檀干溪上修建了高阳堨；明代初年向呆的鲍时昌，捐资开筑燕坑石堨，在小溪上形成长塘，后人以长塘鲍氏自称。以牌坊群闻名宇内的古村棠樾，其鲍氏家族元代就在丰乐河支流建大姆堨，灌溉农田600余亩，为棠樾鲍氏的崛起打下了坚实的农业经济基础。

　　由于拥有这样的水利资源，使歙西西乡盆地成为名副其实的大粮仓，这在"八山一水一分田"的徽州山区，是农耕经济发展难得的条件。丰乐河流域的各种水利工程，除了自流灌溉之外，还有以下几大功能。

　　其一是改善了村居环境。内堨口的自流灌溉渠一般利用落差流过村中，解决了村民的生产和生活用水，美化村容，调节小气候。歙县西乡古村落之所以具有天人和谐的无限魅力，成为当时最佳的人居环境，是因为当地人在环境选择、顺应自然、亲和山水方面的自觉意识。流过村中的水渠还提供了充沛的消防水源，为木结构的古民居提高了预防火灾的能力。完善的村落人工水系和农田灌溉系统的有机结合，使村中的生活污水用于灌溉，既节约又统筹使用，实现了水资源的再利用和动态平衡，所谓"肥水不流外人田"，是朴素的循环经济的体现。

　　其二是提供水能动力。据史料记载，中国在西汉末年就出现了水碓，它是利用水力舂米的机械。这项技术随西晋永嘉之乱后的第一次移民潮带入新安郡，也就是古徽州的前身。水碓的动力机械是一个大的立式水轮，轮上装有若干板叶，每座堨的靠河岸一侧都有引水口，引水口的水冲动大的立式水轮上的板叶，使立式水轮转动。水轮的横轴上穿有四根短横木（与横轴成直角），旁边的架上装有四根舂谷物的碓梢。当横轴上的短横木转动时，就能碰到碓梢的末端，将之压下，另一端就会翘起，短横木转了过去，翘起的一端就会落下。四根短横木连续不断地打着相应的碓梢，每个碓用柱子架起一根木杆，杆的一端装一块圆锥形石头。下面的石臼里放上准备加工的稻谷。流水冲击水轮使它转动，轴上的拨板曰拨动碓杆的梢，使碓头一起一落地进行舂米。利用水碓，可以日夜加工粮食。水碓除了加工粮食之外，配上其他的装置，还可以加工茶叶、造纸、榨油、缫丝等。直到20个世纪60年代后，丰乐河流域的水碓才全部为柴油机和电动机所替代。

　　其三是保证了歙县西乡物流的运转。丰乐河流域的各种水利工程使丰乐河流域提高了水位，使得水利运输日渐繁荣，并不受季节的影响，从而保证了歙县西乡物流的运转、财富的积聚。这些水利设施为这条古建筑长廊的兴建提供了财力保证和建筑材料运输的便利，修建古民居和牌坊的建

徽
州

003

筑材料就是直接通过这些溪堨运输。徽州在明代以前的建筑石料，主要是利用当地产的白砂石，这种石料开采容易，价格便宜，但是容易风化，建造的牌坊不容易长久保存。所以在清代以后，高档建筑石料大多采用产于浙江淳安茶园的青石，又称状元石，颜色微青，石质坚硬，不易雕琢。这种石料豪华美观，历经几百年不易风化，价格要昂贵得多，但对于富可敌国的徽商特别是盐商来说，只要能保持建成的祠堂、牌坊能华贵坚固，多花银子他们是不在乎的。开采下的茶园青石，用大船运到渔梁坝下，再载在中、小船或专用的竹筏上，利用人力拉纤的方式拉过各座大小溪堨的豁口，然后运到各村落的近处上岸，最后用人拉肩扛的方式运到建筑工地，省力省工。今天在探寻棠樾牌坊群形成的原因时，我们可能想不到，要一直追根溯源到这些如今已经破败渐消的古代水利设施。

研究徽商时，一个不能忽略的背景是，在安土重迁的农业社会中，徽州人外出经商常常是出于生存的需要。徽州地处皖南丘陵，山地多，耕地少，农业生产条件差。弘治《徽州府志》称："本府万山中，不可舟车，田地少，户口多，土产微，贡赋薄，以取足于日用观之则富郡，一遇小灾及大役则大窘。"粮食长期不能自给，明代徽州"所出粮不足一月，十九需外给。远自江广数千里，近自苏松常镇数百里而至，纳钞输牙，舟负费重，与所挟资准，以故江南米价，徽独高"。在无法有效满足起码温饱的情况下，徽州人很早就走上了外出经商谋生的道路。相对比而言，丰乐河水和肥沃的盆地土质使歙县西乡成为徽州地区不多的产粮区，农耕经济为西乡徽商的崛起提供了原始资本。

二、歙县的盐商村落概述

明代中叶以后至清乾隆末年的 300 余年，是徽商发展的黄金时代，无论营业人数、活动范围、经营行业与资本，都居全国各商人集团的首位。当时，经商成了徽州人的第一等生业，成人男子中，经商占 70%，极盛时还要超过。徽商的活动范围遍及城乡，东抵苏、沪、杭，西达滇、黔、关、陇，北至幽燕、辽东，南到闽、粤。徽商的足迹还远至日本、暹罗、东南亚各国以及葡萄牙等国。所以张海鹏等学者认为，徽商作为一个商帮应该从明代中叶开始。而这时期徽商经营的排位第一的商品就是人人都离不开的食盐，徽商中最突出的就是富埒王侯的徽州盐商。徽州大盐商的发迹史几乎都有一个共同点：经过祖上几代辛勤务农，积蓄了一定的原始资本，然后利用境内新安江、青弋江等水系的自然运输优势，将徽州的茶、

木等产品沿江而下，贩卖至江南、淮扬等商业繁盛之地，积累起真正的商业资本，然后抓住明代开中制的时机进入盐商的行列。

明初，已具备一定经商基础的徽州商人，由于朝廷的需要，迎来了新机遇，催生了徽州盐商的发展。朱元璋初定天下，征用了大量兵丁充实到边防戍守，需要大量的粮食。为了提高商人运送军粮的积极性，朝廷颁布了相关法令，凭借所控制的官盐，定期或不定期地出榜招商往边地输送军粮，然后按价付给经销食盐的准销证——盐引，这就是所谓的开中制。盐是朝廷严格控制的利税商品，销路广，利润高，经营盐业肯定是财源滚滚。聪明的徽商开始到南方收购粮食，通过运河送到北京，再雇骡马拉到长城脚下，换取盐业销售许可证。及至后来，徽商为节省运送费用，干脆雇人在长城脚下垦荒，直接供应长城脚下的戍边队伍。这时期棠樾鲍氏经营盐业的较早记录是运粮到云南贵州换取浙盐盐照。

据清乾隆版《重编棠樾鲍氏三族宗谱》记载，棠樾鲍氏十二世祖鲍汪如（1346—1422），字思齐，号安素，少年时好读书问学，作律诗时多有奇句，受到同人的称扬。他长在元末战乱中，壮年时即明洪武年间，游学四方，交结士大夫，声誉更加著名。当时云南贵州边境有战事，按明朝初年的惯例，招募商民运送军粮以供军需，换给盐照。鲍汪如筹资费购米运到云南贵州边境，换回盐照，拨浙江温州南场支盐。当时进入云南贵州的粮道，主要是水路，其中有一条水路就是经长江进入湘江，经沅江进入湘西，再经沅江的支流清水江进入贵州。明初的开中制促使徽商进入云南贵州，同时军屯中徽州移民形成了今天独具特色的贵州"屯堡文化"。屯堡是汉族文化的"活化石"，是世界上最后的明代古村。它既保留了徽州先祖的文化传统，又在长期的生产劳动中创造了独特的地域文明。贵州的屯堡文化和徽州文化有着千丝万缕的关系，有两个实例可以证明这种关系：一是明初徽州汪华的后裔奉诏入黔屯兵安顺场一带，尊唐代越国公汪华为族神，和其他姓氏入黔屯兵的徽州移民六百多年来一直延续着"抬汪公"一类"汪公会"的民俗活动，至今成为在国内外有影响、有特色的"非遗"项目；二是被誉为贵州"大明屯堡第一屯"的鲍家屯，就来源于徽州歙县棠樾的鲍氏后裔。据鲍氏家谱记载：明代开国皇帝在贵州安顺一带实行"屯田、养兵、守土"政策时，鲍氏始祖鲍福宝（任军职都司）带领官兵选择杨柳湾——今鲍家屯创建屯军农垦基地，繁衍子孙后代，现在鲍家屯已发展成600余户2000多人的村寨。又据《徽州府志》记载：鲍伸原籍青州，到了公元四世纪初，青州大乱，鲍氏子孙进入江南，其中就有一部分跟随鲍伸进入新安。鲍伸是武将，会拳术，称为鲍家拳。晋太康

年间（280—289）护军尉鲍伸，镇守长安，练就鲍家拳，后将鲍家拳由北方带到安徽歙县。洪武二年（1369）鲍福宝又将鲍家拳由歙县带到贵州鲍家屯。如今贵州的鲍家拳108套徒手、棍、单刀、双刀、枪等已经在鲍家屯传了22代，在明清两朝，方圆几十里的屯堡村寨，武功数鲍家屯最强，故有"吃酒吃肉九溪坝，拳打脚踢鲍家屯"之说。此是近年贵州鲍家屯寻根到歙县棠樾传回的信息。

到明朝社稷大定时，粮草充裕，戍边的将军开始改收粮为收钱。这是明朝军方最初的腐败，却又给精明的徽商带来更大的机遇。拿钱就可以买到盐业准销证，方便灵活，一大批徽商自此就滚雪球般地壮大起来。闲居在内宫的太监和嫔妃嫔娥，面对盐业的巨大利润诱惑，也心痒难耐，可是又不方便出去，就想出了投资、操纵的方式，一帮精明的徽商通过徽州的京官介绍被找了来，成为太监嫔妃的委托管理人，因为是利益共同体，太监嫔妃对于自己的委托管理人自然是大力抬举，善于利用谋略的徽州盐商，利用政治交易背景，促成了独特的徽州盐商。

徽州盐商在扬州业盐致富的人很多，他们拥资多达数十万以至百万，且以"盐荚祭酒甲天下"而名闻海内。据佶山著的《（嘉庆）两淮盐法志卷二十五》介绍，"盐荚祭酒"这个身份相当于清代的总商，地位十分重要，"散商分隶其下，一切纳课、杜私，按名责成"。这时山西、陕西的盐商也纷纷改边商为内商，奔赴扬州与徽人争利，但他们远离故土，力不从心，特别是在文化品位上也屈居于徽州盐商之下。万历四十四年（1616），御史袁世振整理两淮盐务，为疏销历年积欠的盐引，推行纲盐法。规定将盐场商人所持旧盐引分为十纲，编成纲册。每年以一纲行旧引，九纲行新引，听商人据纲册为窝本。每年派行新盐引时，都以纲册所载各商持盐引原数为依据，册上无名者不得参加。其它盐场的做法大体与此类似。当时徽州盐商在纲册上已占优势，于是随着纲盐法的推行，他们把持两淮盐业的特权便固定下来。所谓两淮盐业，是以淮河入海口为界，在淮河以南谓之淮南，在淮河以北谓之淮北，此处所谓两淮并非指淮河全流域的南部与北部，而是专指淮河入海处的海盐产区。淮南盐业的集散地在扬州，销盐的盐岸是长江中下游和湖南、湖北、江西等地；淮北盐业的集散地在淮安，盐岸是皖、苏、豫三省淮河两岸共计四十二州县。相对于淮南而言，淮北的盐业无论是规模与引岸都要逊色得多。

明清时期称雄于东南半壁江山的徽州商帮，以盐业为"龙头"行业，而在经营盐业的徽州商人中，以歙县盐商势力最大。在明代嘉靖、万历时，歙县西乡的竦塘的黄姓、潜口的汪姓、丰南的吴姓、长龄桥的郑氏都是盐荚祭酒甲天下，积累的盐业利润达数十万以至百万两白银。如万历二年（1574）长龄桥郑景濂到池州营商谋生，在积攒了若干资金后，万历四年到扬州从事盐业。他在竞争中胜出，逐渐成为一位拥有相当身价的大盐商，歙县老家的亲友纷纷前往投靠，到晚年"食指以千数"，形成了一个巨大的盐商家族。

又如由棠樾邻村槐塘程氏分出的岑山渡程氏，在清代康熙年间曾产生过数名两淮盐务总商。据《新安名族志》记载："程　歙县……岑山渡在城南十五里。前有河，河中流屹立者为岑山，因名岑山渡。系出太守元谭公裔、四十一世曰云卿，自槐塘上府出继大呈村。四十三世曰诚，再迁岑山渡。诚生五子，曰月，曰怡，曰梅，曰英，曰童。"岑山程氏五房中有一支迁两淮盐商聚集地扬州。据《新安程氏世谱》卷十五《年表·新安汾公派》载：岑山渡叔信公（诚）子慎吾公为迁扬州始祖。他的五个儿子上慎公（量入）、蝶庵公（量能）、青来公（爽）、阿平公（量衡）、莲渡公（量越）都是盐商。不但如此，他的子孙也大多是盐商，有的还成为总商。嘉庆《两淮盐法志》卷四十四《人物·才略》载：（徽州盐商程量入）程上慎为淮南盐务总商，他的长子程之骥，为"商总二十年，康熙十三四年间，军兴旁午，商众捐资助饷，悉取办于之骥。三藩平，御史郝浴上其事，优叙者三十余人，之骥特赐五品服，为诸商冠"，其中第五子程量越是迁淮安的始祖。而淮安是淮北引盐的集散中心。徐珂《清稗类钞·豪侈类》里这样描写淮安："清江浦为南北孔道……距二十里即湖嘴，乃淮北盐商聚居之地。再五里为淮城，乃漕船所必经者。……有徽人汪已山，侨此二百年矣，家富百万，列典肆，俗呼为汪家大门。与本地人不通婚姻，唯与北商程氏互为陈朱而已。程氏有字水南者，以名翰林隐居，有曲江楼、菰蒲一曲诸庄诸胜，诗画皆臻臻诣。"总之，岑山渡程氏是两淮盐商中的重要一姓，从总商、中小盐商至各级员工，从运商到岸商到各镇的分销点，都有程姓子孙的身影。岑山渡由于在新安江的边上，是较大船舶岸的埠头，歙县西乡的盐商家族，如南溪南之吴、稠墅之汪、棠樾之鲍、竦塘之黄及西南乡黄备之张、韶坑之徐、皋径之萧江、渔岸之余等，大多在此上船或经过此地到杭州后经大运河到扬州、淮安等地，因此此地又是歙县盐商的出发地之一。这些歙县的盐商家族逐步垄断大江南北盐业，积累了巨大的财富，给家乡带来了空前的繁荣。

清代乾隆年间建立总商制度，扬州的八大总商，歙县盐商就常占其四。唐模村的清代翰林许承尧说："两淮八总商，邑人恒占其四，各姓代兴，如江村之江，丰溪、澄塘之吴，潭渡之黄，岑山之程，稠墅、潜口之

汪，傅溪之徐，郑村之郑，唐模之许，雄村之曹，上丰之宋，棠樾之鲍，蓝田之叶，皆是也。"歙县各姓总商中，西乡的超过半数，如"丰溪、澄塘之吴"的丰溪，就是指丰乐河上游两岸西溪南、石桥、莘墟等村吴姓家族；澄塘也是西乡的吴姓家族的聚集村之一；"潭渡之黄"的潭渡就是近代新安派画家黄宾虹的家乡，在丰乐河下游的北岸；"稠墅、潜口之汪""郑村之郑""唐模之许""棠樾之鲍"的稠墅、潜口、郑村、唐模、棠樾等都是歙县西乡的著名盐商村落。乾隆时期，歙县汪应庚、汪廷璋、江春、鲍志道等都是煊赫一时的以布衣上交天子的两淮总商，其中除了江春是属北乡江村外，汪应庚的潜口村、汪廷璋的稠墅村、鲍志道的棠樾村都是属于歙县西乡村落。业盐成风甚至在西乡方言俗语中也有所反映，《古歙乡音集证》中，"性命值盐换的：俗谓人轻视性命云云，然此语亦省出处。今仪真盐所掣挚，抬盐上长跳高桥或有坠跳致死者，即以所抬之盐一引偿之，亦旧制也"就是例证。清乾隆时歙县西乡人吴梅颠《徽歙竹枝词》："盐商嗜义自来多，桑梓亲朋年好过，竟有炭资（盐商富人例于年终量亲疏厚薄馈赠之名）嫌不要，拼来质库典神锣。"这说明盐商致富不忘乡里的事例是普遍的。

歙县西乡村落的繁华都来自于当地盐商富可敌国的雄厚财力，西乡的盐商家族还通过联宗、姻亲、世交关系形成盐商集团。以前研究徽州盐商的论著认为，徽州各村的盐商总是极力维护本族本支的利益。事实表明，这只不过是一个方面，实际上世交、姻亲也在维护亲戚的经济利益，当然，这种帮扶是建立在互惠、诚信的基础上的。这种以宗族为根基，以世交、婚姻为纽带结成的盐商集团，得益于明清时期的盐政，他们积累了大量的财富，有财力在自己的家乡修建深宅大院，扩建祠堂家庙，捐修书院文会，广置义田学田，出资为自己家族的孝子节妇、忠臣义士请旌树立牌坊，从而形成了一个又一个的盐商文化村落，其中最典型的盐商文化村之一就是棠樾。

三、徽商兴起和族神崇拜的关联

天时、地利为徽商所有，人和也是不可忽略的因素。徽州村落有一个很大的特点，就是聚族而居，往往一村甚至一乡都是一个家族。"千丁之族，未尝散处"，他们宗族观念浓厚，宗法成为维系家族关系的纽带。同样，在经商中，宗法观念在族人中同样起着重要的关联作用，往往出现举族经商的情况，族人之间在经商中相互提携、相互关照。举族经商的结果，是在徽州形成了一些著名的商人家族，譬如歙县的汪氏家族、江氏家族，休宁的吴氏家族，婺源的朱氏家族等等。这种举族上下成百上千人对商业的投入和专心，在明清时期的其他商帮中是不多见的。其中许多家族都是几代人前仆后继、勤恳敬业、潜心经商。棠樾的鲍氏家族，便是其中的翘楚。

古徽州行政区包括一府六县：徽州府、婺源县、休宁县、歙县、黟县、绩溪县、祁门县。每一商业集盛之地，不仅有徽州会馆，还有下属各县的会馆。这些会馆，不仅发挥着商会的作用，还为徽州人参加科举提供住宿和费用，为商人和官员的联系打下了广博的基础。这些会馆保证了徽州行商坐贾的安全，保证了商业信用规则的通达恒久。安全有了保证，信用有了保证，又具有一张遍布全国、无孔不入的商业网络，这使得徽商在商业竞争中常立于不败之地，"无徽不成镇"，可以想象徽商是一个多么庞大的利益统一体。这种集团优势在历史上也只有晋商可以与之抗衡。商旅沉浮，天数无定，经商的个体往往承受着极大的风险，从锦衣玉食到箪食瓢饮有时只是电光石火中的一念之差。但为什么徽商能够自明清以来傲立商海潮头长达三百余年呢？其中很重要的一个原因是围绕着族神崇拜建立同宗同脉互帮互助的商人集团。

徽州人对族神崇拜形成了超常的团结局面，对族神崇拜表现在重视对祖先的祭祀，把祖看成是木之本、水之源，并认为祖先本身就是一种神灵。徽州的祖先崇拜有明确的对象，即始迁祖或在历史上有功于地方的先辈，如吴泰伯、吴少微、方雷、程灵洗、汪华等。

古公父（周太王）长子泰伯是中国吴姓的得姓始祖。泰伯，孔子称他为"至德"，司马迁在《史记》里把他列为"世家"第一，他的事迹被历代史学家载入史册：他为了把周朝的王位让给三弟季历，偕二弟仲雍，避居江南，在梅里（今梅村一带）建"勾吴"国，筑"泰伯城"，成为吴姓的发源地。传说农历正月初九是泰伯的生日，歙县岩镇的"上九"庙会就是纪念吴姓的得姓始祖泰伯。越灭吴后，吴王夫差的家室有一部分逃难至歙县，其后裔吴少微是徽州吴姓的族神，也是歙县西乡西溪南、石桥、莘墟等地的吴姓的族神。

汉初长沙王吴芮第三子吴浅，封便顷侯，析居黟县，是徽州吴氏一世祖。吴氏六十世吴义方讲学新安，因爱新安之胜，遂居于此。夫人叶氏，生三子太微、少微、宝微。以少微名声最为显著。徽州吴姓一般以吴泰伯为得姓远祖，以吴少微为近祖。

六十一世吴少微，字仲芳，号遏谷，谥文惠，徙居休宁西石舌山，唐

长安元年（701）辛丑举进士，御赐晋阳尉，京兆节度使，兼管江淮等州大都督侍中御史。神龙年间（705—707），为左台监察御史，所以徽州的吴氏又自称"左台吴氏"。六十九世、丰溪始祖吴光，官宣议郎，唐懿宗咸通元年（860）自休宁迁居歙县西乡的西溪南，所以西溪南村有1200年的文明史。该村由唐末始建，经五代、两宋鼎盛于明代。西溪南吴姓外徙经商，贾富兴儒，因儒入仕。商者足迹遍布扬州、南京、杭州及沿淮一带，以盐商为主，兼营茶叶、木材、典当等行业。

歙县西乡灵山村方氏祭祀的族神是方山侯方雷。方雷，方氏始祖，本姓姜，字天震，乃炎帝最后一帝榆罔之长子。他助轩辕伐蚩尤，因功而封河南禹州之方山，其后裔以封地为姓，至今已4700多年，传衍近170世。明代洪武年间灵山村族人方圣安、方圣平、方圣功三兄弟共建的天尊阁和方氏祠堂中悬挂的雷祖像，就是方雷之像。灵山方氏的族神崇拜进而成为西乡的著名庙会，灵山的雷祖庙会，又称"水口庙会"，据《鹂砭轩质言》卷四云："徽州歙县灵山，供雷祖极灵。每年六月二十四日，焚香者络绎于道，山顶村氓百余家，皆好善布施，客民食宿不取值。家置茶具一，人人饮不禁。有窃物者，辄自扑，不能挟以遁也。对山有高冈顶，横竹筒长尺许，空洞无物。是日自出卷轴，悬筒末，金身朱喙，宛然神容。愚民瞻仰以万计，咸拜跪怠容，至一时许乃没。"吴梅颠《徽歙竹枝词》写道："六月廿四暴打过，灵金山上看金灯。家家净醮祝雷祖，雪白天星馃旋蒸（本山晚米甚佳粉，粉为小圆，名天星馃）。"歙县西乡对雷祖崇拜一直延续到新中国成立，每年农历六月一整月，邻近村落皆素食，灵山的雷祖庙会成为西乡的民间赛社之一。

这种由某族的族神崇拜发展为整个西乡"赛神会"的例子还有唐模村许姓的族神许远的双忠庙会。为了庆祝丰收，每年秋收以后，歙县西乡各村都要举行一次"保安胜会"，纪念唐朝"安史之乱"中以身殉国的张巡、许远。史载，安史之乱时，张巡先据河南雍丘，后与许远同守睢阳（今河南商丘），孤军御敌，力挫叛军，以身殉国，为屏蔽江淮、全面平叛创造了有利条件。后人景仰其英雄气概，怀念其历史功绩，每年秋收之后，开盛会酬谢这两位神灵，保一方平安，祈求来年丰收。吴梅颠《徽歙竹枝词》写道："七月廿五赶会场，苏村领上拜张王（东平忠靖王张睢阳也）。毗邻州县人多到，血食都言胜别乡。"

传说农历正月初九是泰伯的生日，歙县岩镇的"上九"就是纪念吴姓的得姓始祖泰伯而起；也有相传农历正月初九是张巡、许远的死难日。自宋代开始，岩镇当地及西乡各村村民每年都在这天"赶上九"，举行大型游神赛灯、上演酬神戏纪念活动，沿袭近千年。新中国成立后，岩寺"上九"沿袭至今，并逐年繁盛。每年"上九"期间（正月初八至初十），岩寺街人山人海，摊贩商贾云集，日用百货、家具、农具应有尽有，其中尤以农具为大宗，变为备耕物资贸易交流会。这是庙会民俗性的具体表现。一方面表现为主旨的原始性与形式的大众性；另一方面表现为影响的区域性和发展的自由性，如镇邪压灾、祈求丰收，形成庙会发展的原始动力。热闹有趣，则是一般人追求的社会效果；物资交流，则成为派生的载体。男女老少的积极参与，造就了这一活动的广泛群体。同样的内容主题，不同年代可以用不同形式展示，这就是"上九"庙会沿袭至今的生命力所在。明清以来直至民国年间，民间较为兴盛的各种迎神赛社，在歙县西乡丰乐河两岸的几个大村子尤为盛行。

　　民间赛社源于古代先民对土地的崇拜，它的源头就是商周时代的社祀，秦汉以后历代皆举行"社稷"的祭祀大典，至宋代正式称为"赛社"。宋人刘克庄诗句"村深隐隐闻箫鼓，知是田家赛社还"，说明当时已有赛社之称。赛社礼乐由仿唐宋帝王"圣节"寿筵，演变为以庙神"圣诞"的规制，盛行于徽州各县。徽州庙会，集宗族祭祀、群众喜庆、演艺竞争于一身，颇见地方特色。徽州人的庙会，是土著山越人与迁居移民融合过程相互渗透的结果。或与先人始祖功德有关，或与传说神话有关，或与农业生产有关。庙会从焚香跪拜、围祠绕庙行走模式，逐步向游街行进，加入有动作的傩舞、徽州傩、杂技玩耍、戏剧等项目。迎神赛会，成为徽州人在生产力低下和科学技术不发达的社会中，表达人们美好愿望、发泄情感的一种主要方式。徽州庙会还有一个共同的特点，是要请戏班做戏酬神。其中庙与祠，始终是与祭祖联系在一起的。为了达到与祖宗同乐，与神灵共享，徽州人往往把戏台做在宗祠旁。徽州的许多村子，都有"万年台"；没有万年台的小村子，平时也有台柱台板，随时可搭台唱戏。普通民众对庙会中的"戏"非常热衷。凡遇演戏，莫不扶老携幼去观看，且可彻夜不眠，也可夸夸其谈数日。明清后，随着徽州经济的繁荣、文化的兴盛，搭台做戏之风显得愈来愈浓。演徽戏、唱徽戏，成了庙会活动的惯例。若遇有钱的徽商斋官值年，争强好胜，肯花大钱，常常请两个以上徽班来对台唱戏，因此庙会是徽戏之母。

　　徽州盐商富甲一方，商业的成功引发了文化消费欲望的高涨。随着社会经济地位的提高和戏曲声腔昆山腔的兴起，他们纷纷蓄养家班。长期为某个徽州盐商所养所用的戏曲班社就被外人称为"徽班"。盐商广蓄家班使徽州艺人带着乡音下扬州，得到了盐商们的亲情惠顾和重金扶持。技艺

徽

州

011

得到发展，乡音也渐占上风，开始有了徽调。歙县西乡潭渡的黄氏家族，是明清时期较早在淮扬业盐而大发的徽州盐商，黄至筠财势为"两淮八大总商之冠"，任总商40多年，热心捐输。所建扬州"个园"，成为扬州私家园林之冠，黄至筠家中就养着徽戏班子。所以清代皇帝多次下江南，徽州盐商多次接驾，皇帝就看过徽剧。歙县雄村曹氏家族也是扬州世代大盐商。至清中叶，出身盐商世家的曹文埴官至户部尚书。1790年8月13日，是乾隆80岁寿辰，曹文埴把自己私家的"廉家班"更名为"庆升班"，赴京晋庆。同时，歙县江村盐商江鹤亭组织了一个名为"三庆班"的徽戏戏班，由艺人高朗亭率领进京参加祝寿演出。庆升班、三庆班进京演出获得成功后，又有四喜班、和春班等徽班进入北京，并逐渐称雄于京华的剧坛，这就是所谓的"四大徽班进京"。这些徽班进京演出成为京剧的鼻祖。

整个徽州"赛神会"最著名的就是对程忠壮公程灵洗和越国公汪华的崇奉祭祀。洪武四年（1371）朱元璋"大正祀典"，规范民间祭祀仪式，加强对民间信仰的控制，令"凡昏淫之祠一切报罢"。徽之所存唯越国公汪华及陈将军程忠壮公二庙，改封唐越国汪公之神，命有司春秋致祭。这样，徽州仅剩下汪华与忠壮公程灵洗的世忠庙为合法祠庙，享受民间的祭典，也发展为徽州共同的"赛神会"。

永嘉之乱时，程元潭为新安太守，因有善政，民请留之，赐第黄墩，遂世居此。程元潭即为新安程氏一世祖，新安程氏传至13世出了一个极为显赫的人物程灵洗。他曾被梁元帝任命为谯州刺史兼领新安郡太守，后被陈武帝任命为兰陵太守，封遂安县侯，以后因军功先后升任豫州刺史、左骑将军、中护军、云麾将军等职，为陈朝栋梁支柱之一，卒后赠镇西将军，谥"忠壮公"，配享武帝庙庭。因侯景之乱时，程灵洗曾率领乡人保卫乡土有功，对此，徽州人十分崇仰，死后尊封他为"邑神"。他是徽州最具有影响性、能够得到所有徽州人敬奉的"邑神"之一，这种影响是十分久远和深刻的。传说程灵洗有22个儿子，由篁墩先后扩散到徽州及全国各地，他们皆以自己为"忠壮公"之裔而自豪。徽州的众多程氏后裔每年要举行隆重的祭祖仪式，这种活动一直延续到民国年间。篁墩程氏祠堂为统宗祠，到1940年左右，统宗祠下共有一百零八派，祭祀活动由各派安排人员参加，每年确定几个派别负责从联络到祭祀的全过程，十年轮流一次，每次祭祀活动分工极为细致，安排周密。《徽歙竹枝词》云："氏族吾乡重本源，程朱故里在篁墩。合神每到春秋祭，士子衣冠集富兰（富兰，山名，在篁墩，程朱二夫子先世家此。）巨烛高烧重百斤，满堂香气更氤氲。报功犹祀程忠壮，正月生辰有祝文。"

程姓在歙县西乡的聚集村落有棠樾的邻村槐塘、岩镇的下临河村以及虹梁、潜口、碣田等几处。这些村里的赛神会都要抬出程忠壮公的木主进行巡游。

徽州"赛神会"最著名的就是对越国公汪华的崇奉祭祀的"汪公会"。汪姓是徽州人数最多的姓氏，俗语有"十姓九汪"之称。古代徽州祭祀汪华和他的九个儿子的庙有四百多处，大多都有相应的庙会。但庙会的日期最长、项目奇特、影响较大的当属黎阳老街汪公庙祭祀活动。黎阳的汪公庙祭祀活动从农历八月初一开始，仗鼓队巡游至八月十三跑马散会，历时十三天。庙会之长是少见的。汪公庙会供奉的菩萨共有十一尊：汪公、老关帝（关羽）、新关帝（关平）；三大元帅程元帅（灵洗）、任元帅、赵元帅，还有钱将军、二相公、八大帝、九相公、先锋杨三舍人。每一菩萨都有一个会首，负责这位菩萨的行头募捐并组建一支仗鼓队：由一名吹笛的领队和十至二十名鼓手组成，有的会首本人兼职领队。农历八月初一晚，十一支仗鼓队在屯溪周围各大村子过街穿巷演奏，既是庙会的预报又是募捐的过程，此过程一直持续到八月初十连续十晚。八月初九起，分别在汪公庙前的靖阳滩和九相公庙前的选班演戏三天三晚。八月十一日清晨，由扛着清道旗、敲着游锣的队伍到上下黎阳各处通知各户打扫街道，准备菩萨出游。下午，每位菩萨随各自的会首领队，由游锣、蜈蚣旗、三角旗、三眼铳、百叶凉伞、仗鼓队组成的队伍进行巡游。巡游路线从上黎阳汪公庙前的靖阳滩为起点，上至高枧，下顺黎阳街而下，过老大桥，穿过屯溪老街到江西会馆（今老街石牌坊北面）返回。祭祀活动的高潮是八月十三的"跑马"。汪公庙的北面有一大片空地，叫靖阳滩，是祭祀活动中的跑马场地。祭祀庙会中的跑马活动是这样进行的：巡游时汪公、老关帝、新关帝三个菩萨是坐轿的，后有三大元帅程元帅、任元帅、赵元帅，还有钱将军、二相公、八大帝、九相公、先锋等共八匹马。所谓跑马，就是马夫拉着八匹驮着上述的先锋、将军、元帅和两位相公木主的马，绕着三顶轿子跑圈子。由于跑圈像磨豆腐的动作，这一跑马活动干脆就被俗称为"磨豆腐"。更令人称奇的是，八月十三磨豆腐，八月十二要去高枧买豆子，就是骑马的先锋和二相公、九相公一起去高枧外婆家去走一趟，付出象征性的两块银洋，买豆子到黎阳"磨豆腐"。徽州汪姓人通过类似庙会形式，往往把这种肃穆的祭祀活动，衍变成一种民俗表演。

在歙县西乡，汪姓的村落有西溪、稠墅、澄塘、潜口、唐模等。"汪公会"是为纪念地方神汪华及九个儿子而进行的活动，有的村社也有太子庙的敬神活动。由于汪姓子孙在徽州繁衍成大族，因而各村各社汪公太子庙的敬神活动，持续时间长、规模大。有列仗、锣鼓、秋千抬阁、焰火、舞青衣、游烛龙，还有"汪公坐轿""相公骑马"等游行活动。《徽歙竹枝词》形容"汪公会"："出行爆竹闹开场，红纸马包红棒香，锡箔折成元宝锭，汪王山上拜汪王。"

唐模村是唐朝越国公汪华的太曾祖父汪叔举创建的，五代后唐同光元年（923），汪华的后裔迁回唐模。年近古稀的汪思立博学多才，精于天文地理，他用八卦相中了山泉寺对面的狮子山，那里有太祖汪叔举种植的大片郁郁葱葱的银杏树，认为在这里居住可以发子发孙，因而汪思立率儿孙迁到狮子山居住。经过几代人的辛苦劳动，先后建立了中汪街、六家园、太子塘等建筑物，逐步形成了一个聚族而居的村落。汪思立率儿孙重返徽州时正值五代后唐年间，诸侯纷争，强盛的唐朝已不复存在。汪氏子孙不忘唐朝对祖先汪华归顺唐朝后被封为越国公的恩荣，决定按盛唐时的规模建立起一个村庄，取名"唐模"。北宋元祐二年（1087），郡北许村的许贵一、许贵二兄弟俩因父母双亡，投靠唐模村的汪姓姑父家，经过几代繁衍，许氏比当地的汪、程、吴三姓人丁更为兴旺，成为唐模的大姓望族。但他们不忘姑父的收养之恩，仍沿用"唐模"这个村名。唐模村庄的形成和命名，是古代徽州人重视风水与忠君思想相结合的产物，深深地烙上了历史文化的印记。

在歙县西乡有一民谚云：唐模棠樾，饿死情愿。民谚的旨意不仅指这一对兄弟村落村居环境优美和经济富庶，而且是因为其得名都是为了纪念徽州汪姓的族神汪公大帝汪华。

第二章 棠樾村的选址要素考证

一、棠樾的建村历史和命名考证

棠樾村的得名是为了纪念汪公大帝汪华。棠樾在宋以前，就有汪、董、姚、张等姓居住，原来的村名称作"唐越"。这两个字在当时的农具与墓碑上都能见到。"唐模""唐越"这两个村是歙县西乡一对兄弟村落，所以其命名也是"排行"的。汪氏子孙不忘唐朝对祖先汪华归顺唐朝后被封为越国公的恩荣，取名"唐越"，"唐"是指唐代，"越"是指"越国公"汪华，他不但是汪姓的族神，还是徽州最主要的地方神。

汪华（586—649），隋末唐初地方自治首领，唐代大臣，字国辅，又字英发，绩溪县登源村（隋唐时属歙县）人。汪华幼年时父母双亡，寄养在歙县舅父家中，并应募成为护郡兵丁。由于智勇过人，汪华渐渐在郡兵中崭露头角，成为郡兵的精神领袖，深受将士拥护。隋末天下大乱，群雄并起。汪华审时度势后策划了一场兵变，推翻了歙州隋朝官员，占领了全州。初战胜利后，汪华高举义旗，又连克宣、杭、睦、婺、饶五州，大得民心。于是，他拥六州之地，自称吴王，并颁布一系列使百姓休养生息的政策，使皖、浙、赣三省交界的六州百姓得以在乱世安居乐业。

公元621年，汪华有感于唐朝的强盛和德政，上表请求归附，被任命为六州总管府总管、歙州刺史，封为上柱国越国公。此举"不斗一民，不烦一旅"，又为新安百姓避免了一场血刃之灾，因而被罗愿称为"王之大节"。公元624年，汪华奉诏进京，任忠武将军等职。唐太宗征辽时，一度委任汪华为九宫留守。汪华于公元649年病逝于长安。三年后，灵柩运回家乡，葬于歙县云岚山。

徽州各地都建有祭祀汪华的汪公庙、汪王庙。棠樾的汪王庙原来建在棠樾村东的龙山上，又称"龙山庙"。棠樾鲍氏和汪华是有渊源的，隋末汪华起兵保卫六州时，姐夫鲍安国大力佐助他。鲍安国是东晋新安太守鲍弘的后代，居住歙县城西门，他的千顷良田大多分布在丰乐河的两岸，依赖鲍南堨自流灌溉。鲍安国兄弟三人与堂兄弟七人全族三百余人同屋居住，同灶吃饭，当时人称"十安堂"。在隋末大业之乱时豪杰蜂起，鲍安国响应汪华起兵，号召全族捐出家财，招募义勇，佐助汪华，攻占宣、杭、睦、婺、衢、歙六州，保障家乡。鲍安国屯兵在金龟坦，时人称为"鲍屯"，"鲍屯"在歙县城西十五里，与棠樾隔河相望。汪华归唐后被封为越国公，鲍安国也被封为总管府司马。

棠樾村口

南宋建炎年间，鲍安国的后人、在徽州府任"文学"职官的鲍荣，看到棠樾环境很好，便在棠樾坪头建了掌书园，生前还把早逝的妻子葬在园内，即今村中的鲍氏始祖墓园。鲍荣的曾孙鲍居美将全家从徽州府城西隅搬到棠樾来，开始了规模宏大的村业。鲍居美明智有断，经过数十年的经营，到元代至正年间（1341—1368）棠樾村中的生产、生活设施都有了良好的基础。鲍姓迁入使"唐越"成为主要的家族聚居地后，依照徽州的惯例，改名不改音同时雅化，将村名改为"棠樾"。"棠樾"二字，来源于《诗经·召南·甘棠》篇周贤伯的故事：

> 蔽芾甘棠，勿剪勿伐，召伯所茇。
> 蔽芾甘棠，勿剪勿败，召伯所憩。
> 蔽芾甘棠，勿剪勿拜，召伯所说。

翻译过来就是：被蔽塞而茂盛的甜美棠梨，请不要剪割不要砍伐，因为那曾经是召伯的草舍；被蔽塞而茂盛的甜美棠梨，请不要剪割不要毁坏，因为那曾经是召伯的休憩处；被蔽塞而茂盛的甜美棠梨，请不要剪割不要跪拜，因为那曾经是召伯的解脱处。这是一首怀念扶佐周文王召伯的山歌。召伯推行文王政令，深入民间，在一棵甘棠树下办公，深得民心。后人"爱屋及乌"特意保护那棵甘棠，让它枝叶茂盛，清荫满地。歌中没有直接描写召伯的事迹，没有说召伯怎样爱护人民，也没有说召伯做了什么对人民有利的事，而是通过描写甘棠来表示人们对召伯的怀念。召伯在甘棠树下死后，只是在那里修建了一个简单的墓，过了几年，甘棠树很茂盛地长大，遮蔽了召伯的坟墓，于是人们来剪割和砍伐。而这首诗却劝告人们不要剪割和砍伐，其目的就是要保持自然的形态。

这首诗中，"棠荫"一词喻为"德政"，棠樾的"樾"字，即指树荫而言。因此"棠樾"作为鲍氏聚居地的村名有多层含义：一是纪念鲍氏祖先在隋末大业之乱时佐助汪华，攻占宣、杭、睦、婺、衢、歙六州，保障家乡，像召伯扶佐文王一样，深入民间，为民造福；二是让鲍氏子孙要牢守祖宗"德政"，在祖宗的德政荫蔽之下勤勉奋发，光宗耀祖；三是要求子孙保护村中的树木，让村居环境顺应自然、亲和山水，保住风水佳地的永久不衰。时光荏苒，鲍姓将村名改为棠樾，为后代的发展讨了好彩头。几百年后，鲍氏族人果然是根深树大，支脉繁茂，遮蔽一地，富甲一方。

明代鲍泰（希止）在《龙山庙记》说："棠樾里曰慈孝；北去槐塘里曰状元，稠墅里曰绣衣；南去则西溪双桥里曰贞白，是皆因其人有其德以名其里。"南宋末年，棠樾的鲍宗岩鲍寿孙父子争死的事迹被载入宋史，因此称棠樾鲍氏为"慈孝鲍氏"，棠樾又称"慈孝里"。

二、天人合一的风水观是徽州村落的选址要素

中国传统生态哲学来自于儒学。程颢的"仁者以天地万物为一体"就是人与自然"天人合一"的直接表露。《荀子·天论》里"天有其时，地有其材，人有其治，夫是之谓能参。舍其所以参，而愿其所参，则惑矣"，集中体现了"人与天地浑然一体"的思想命题，"天地人三者是世界上相生、并存的三个要素"，组合成人类世界的大一统观，也就是我们所说的人与自然和谐统一的自然观。而所谓的风水，除却一些糟粕，其精髓就是"仁者以天地万物为一体"的儒家世界观的具体体现。

根据姚廷銮在《阳宅集成》中所述："阳宅须教择地形，背山面水称人心。山有来龙昂秀发，水须围抱作环行。……水口收藏积万金……"也

就是说，建村相地的最佳地形是背依山峦，左右两山护卫，而中间宽大开敞。村庄有溪水环抱，水口紧收。徽州的丘陵低山和溪流遍布，为择基选址提供了较大的空间和余地，背山面水成为徽州古村落的最基本的格局。因此，徽州古村落在选址和布局上几乎无一例外地遵照《阳宅集成》的原则，依山傍水、随坡就势，即利用天然的地理形势进行规划设计，以使建筑群落达成与自然环境的巧妙结合。

这种村落格局暗含着科学道理。古人忌讳"穿山风"，并不是纯粹的迷信，因为"穿山风"会导致快速降温，人处在气温急剧变动的环境中，很容易感冒着凉，心神疲倦。而处在三面环山、一面绕水的村庄中，"穿山风"发生的概率就被降到了极低。另外周围山脊的遮蔽也避免了阳光直射时的急剧升温。三面环山、一面绕水构成了一个冬暖夏凉的稳定的小气候，有利于居民的生活起居、身心健康。另外，周围的高山植被涝时储水，旱时补水，是天然的绿色水库，使得村中田地旱涝保收。而所谓的水口紧收，就是在村庄所有溪流的汇集处，植树造林，通过植被覆盖来防止水土流失。由于树木根系的阻隔，使得洪涝时冲击下来的土壤在水口堆积起来，天长日久，水口周围的土质往往成为整个村庄最肥沃的地方。这就是古人的智慧，所谓的"肥水不流外人田"的真实体现。

风水自然有着故弄玄虚的糟粕，但其主要还是中国的先民几千年来人居经验的智慧结晶，是符合现代人居学原理的。徽州古村落的营造就是这种智慧结晶的完美体现。因此，研究徽州古村落，将使我们能够更好地发扬中华传统的人居科学，从而更好地改善我们的人居环境。后面，我们将看到棠樾村的营造就是"天人合一"风水观的绝佳体现。

三、依山傍水的徽州村落

明代程尚宽著的《新安名族志》记载，徽州当时属新安郡或歙州，历史上曾有过三次移民潮，有众多的移民进入徽州。第一次是两晋之际，当时北方遭"永嘉之乱"，可考的有九大族姓进入新安郡；第二次是唐代，中唐的"安史之乱"和唐末的黄巢起义，使二十几族经过邻近地区进入歙州；第三次是宋代"靖康之乱"，使十几族移民进入徽州。除了这三次大规模的移民潮外，小规模的移民几乎从未间断。由于这多次的移民大部分是以家族为建制的"整体搬迁"，于是不同时期的北方移民带来不同时期北方村落的建筑风格，不同地域的北方移民带来不同地域北方村落的建筑风格。我们从历史脉络的梳理中发现徽州的村落不仅有中原人士南迁时留

下的村落的建筑风格，在明清徽商兴盛后还吸纳异地文化建村营宅的思路更迭与演绎。如清代乾嘉时期鲍志道在棠樾村大兴土木时，就吸取了扬州的园林风格。所以说徽州村居聚落不是孤立产生的一种区域文化现象，在其建村立宅的时间过程中，折射出本土文化和外来文化的扭结，并一直把传统风水视为选址布局的凝结剂，从而导致产生了具有粗外而毓中的徽州村落民居形式。

徽州村落布局科学地利用了外部自然环境。徽州的地理条件属于"八山一水一分田"的典型皖南山区特征，其布局当然受到该地自然环境的限制。徽州古村落在布局上具有依山傍水、随坡就势的特点，即利用天然的地理形势进行规划设计，以使建筑群落达成与自然环境的巧妙结合。另外，水源也是村落形成发展的重要自然条件，一般而言，村落选择的地方水源充足，取水较方便。除了地形、水源等自然因素，风水是一个极为重要的因素。古代建村选址的风水观从本质上来说也是我国传统文化的一部分。

徽州人将风水视作有关宗族兴衰的大事。徽州是以宗族血缘关系为根基的社会，很重视宗族的发展，所以在徽州现存明清古村落中，很难找到未经风水师相地的民居。加之古徽州又是程朱理学的发源地，因此在传统思想、风水观念的影响下，村落布局的规划表现出一定的整体性。徽州人在建村选址过程中，均请堪舆师实地踏勘，历经"觅龙、察砂、观水、点穴、定向"等程式。徽州的丘陵低山和遍布的溪流，为择基选址提供了较大的空间和余地，背山面水成为徽州古村落的最基本的格局。

中国的风水学术的源头出自早期的易经，而棠樾鲍氏的祖先就是精通易经的，如三世祖鲍玠就工诗文，以易学教授乡里郡邑。而四世祖鲍居美迁居棠樾、鲍居仁迁蜀源的很重要原因与他们的父亲精通易经有关。父子争死的鲍寿孙的次子鲍鲁卿（1281—1359）更是精通易学和堪舆术。鲍鲁卿，字景曾，在智力方面颖悟过人，酷爱读书，手不释卷。除精通儒学外，他对天文地理方术也能触类旁通，尤其精通算法；又善测地，对于田地的肥沃瘠薄、今昔的差别，都能测知。鲍鲁卿的儿子鲍元康（1309—1352），字仲安，自少时就好学读书，除了儒学经典之外，对诸子百家、孙子兵法、山经地志、岐黄医书、延年益寿的学术无不研究。尤其精心研究易经，他每日读一卦，周而复始，有心得就记笔记，对孔子、程子、朱子历代易经的著作也进行比对研究，对六十四卦、三百八十四爻相出入，必须字字有所归宿，方才满意。他曾经和邻村的郑玉讨论地理（风水）方面的问题，郑玉对他的学识之丰富，见解之独特感到惊异，把自己平日积

累的知识传授给他。还有十二世鲍深，精通阴阳地理之术，曾在休宁、绩溪、歙县各选了一块风水绝佳宝地。棠樾鲍氏中精于风水堪舆的人数多，水平高，因此棠樾鲍氏三族在建村营宅的选址、布局、水系的安排方面始终贯穿了风水术的影响。

徽州村落大多是"枕山、环水、面屏"的村居环境模式，形成偎山依水、背山面水或枕山环水的格局。高垄之地要求山形环抱，山为龙脉，构成"藏风"，以求"聚气"。棠樾鲍氏三族之一的蜀源村四面环山，极似四川盆地，故称蜀源，"群峰环翠，水流潆回，林木茂盛，土地肥美，中夷广而外扼"，达到了藏风聚气的要求。

无山的平旷之地则以环绕的水流当作龙脉所在，所谓"河水之弯曲，乃龙气之聚会也"。棠樾鲍氏三族之一的岩镇就是建在丰乐河的由西北向东北转折的弯曲之处，这里是丰乐河最大的河谷平原，地势平坦，低山丘陵环抱，丰乐河穿镇而过。东晋咸和二年（327），棠樾鲍氏的先祖在丰乐河的岩镇下段建鲍南塥，引丰乐水灌溉鲍屯良田。梁大通元年（527），吕氏在岩镇上段西溪南下段附近的丰乐河上建吕塥，使岩镇成了富饶的地方。明初时岩镇已是"鳞次万家、规乡十里、商贾云集"的繁华市镇了。明汪道昆著《太函副墨》中就有"岩镇什七贾而什三儒"之说，显见当时的岩镇是徽商的聚集地之一。因岩镇附近没有高山，水口不能锁闭，为防泄漏，注重地舆形势的风水师们，采取一些风水上补救的措施。众姓富商富绅捐资，明嘉靖十五年（1536），岩镇东水口建成凤山台，作为岩镇关口和门户。嘉靖二十三年（1544），在正德进士郑佐和嘉靖戊戌（1538）科进士鲍道明人的等倡议下，又建成了七层的"文峰塔"，使岩镇东水口成为歙县西乡最气派的水口之一。嘉庆年间岩镇鲍氏一门又出了鲍桂星、鲍沧碧兄弟两进士，道光年间兄弟衣锦还乡时，不但重修鲍氏宗祠，建科第坊，还重修了水口文峰塔、凤山台等建筑，使此处的水口园林基本完整保存至今。

以鲍荣为始祖的鲍氏三族居住地棠樾村、蜀源村、岩镇都属于歙县西乡，三个村落都背靠灵山。蜀源村在棠樾村西北方向，间距6千米；岩镇在棠樾西南方向，间距也是6千米。三处鲍氏家族聚集地在地理分布上呈现出一个等腰三角形，在丰乐河两岸成一个掎角之势。对精通易经、又善测地的鲍氏祖辈来说，使家族这样分布，既有在风水学上的奥妙所在，在社会活动中还有避险趋吉战略上的意义：天下大乱之际，可退进四面环山的蜀源村中避险；太平盛世，则可进入丰乐河最大的河谷平原所在的繁华市镇岩镇经营商业；而棠樾则是以蜀源和岩镇为两翼的宗族聚集中心。

四、吉处安居、风水佳地的棠樾

棠樾位于歙县城西 7.5 千米处，距丰乐河北岸的西溪、郑村约 1 千米。棠樾村的选址和布局可追溯到南宋建炎年间（约 1130 年）。先是世居府邑西门始祖鲍荣，在棠樾建掌书园，生前还把早逝的妻子葬在园内，即今村中的鲍氏始祖墓园。四世祖鲍居美认为，"棠樾山川之盛，原田之广，足以立子孙百世"，此处是子孙安居乐业的吉处，就带领全家自徽州府城搬到棠樾来居住，从此，棠樾成为鲍氏聚居之地。

元代学者鲍元康在村北龙山上建慈孝堂，供奉宋末元初鲍宗岩、寿孙父子遇盗争死事迹。堂有多进，相当于家庙。元代村中的建筑，主要围绕始祖墓园而建。现可考的，有墓西的"慈孝之门"，墓北的鲍同仁蒙古文状元坊，墓东的大和社、西畴书院等。墓西的"慈孝之门"属于门坊，它是明代建的慈孝坊的前身；位于始祖墓北的鲍同仁状元坊，是因鲍同仁考中泰定（1324—1328）国书第一，即蒙古释褐状元，这是鲍家科举考取的最高功名，这也是棠樾鲍氏唯一的状元坊。

明代棠樾村中曾立有监察御使坊和地官坊。棠樾鲍氏迁岩镇一族，传到十四世鲍道明时，出现了棠樾鲍氏三族中的最高官员——明代南京户部尚书。为了光宗耀祖，鲍氏三族在棠樾村中宗祠前立了第一座尚书坊。户部尚书又称地官，这座尚书坊俗称地官坊，以示区别鲍象贤的工部尚书坊。除了这些宗族的公用建筑之外，各家民居主要分布在前街。

从现存明代建筑和遗址可见棠樾古人在人居环境的选择和营造中重视风水堪舆说。标准风水宝地中的"左青龙""右白虎""前朱雀""后玄武"局面，无非就是一处适合人们居住的地方，左面要有一座小山，右面要一块丘陵，后面最好有大山做屏障，前面最好是块开阔地，西边附近能有水塘。中国处在北半球，村居后面有大山，冬天可以抵御西北风；村居前面开阔，方便夏天南方季风进入；中国大部分地势是西高东低，西边附近有水塘，可以保证田地的灌溉，而且万一失火时方便取水扑救，这个水塘就是俗话说的"风水塘"，少了"风水塘"会有灾，就是这个原因。

棠樾村背靠灵山，左有龙山，右有德公塘，面对现在鲍家花园的小山岗，使整个环境构成"左青龙、右白虎、前朱雀、后玄武"的态势，满足"枕山面屏、左高右低"的要求。但棠樾村的村居环境并非完全符合理想模式，主要体现在"环水"方面不是很完美。对于非理想的村落环境，古时徽州人在遵从自然的同时，进行积极的改造，使之趋于理想。注重堪舆

形势的风水师们，对一些局部不佳或形势不理想的村基，采取一些风水上补救的措施，如建造水口园林、挖沟开圳。其结果不仅疏通了村中的给水水系，还附之以"风水财气"观念。流经棠樾之水发源于灵山，分为两条，一条自东山、槐塘而来，过村北流入横路塘；另一条沿村西注入西沙溪，此为村中主要水源。元、明之际，棠樾村进行了大规模的水系改造。元至正年间，村西溪上截流筑成"大姆堨"，使溪水沿村庄南面由西向东环绕如带。又引横路塘水绕村东两股水去聪步亭汇合，潺潺流至七星墩义善亭水口。明永乐年间对大姆堨重建，并在大姆堨下掘出了一连串的山塘水库作为用水的调节，村西北山上的德公塘是一个周围用条石砌筑成的大水库，保证了大旱时村中的用水。水系改造的另一项目是引水入村，棠樾的前后街都有水圳，前段暗入地下，上铺青石板成为大道或石坦，在村中几处显露出开口阶级，供村民取水和洗涤使用。而饮用水则是在女祠背后、前街西头和东头几处打井，保证了饮水卫生，又有饮水思源的含义。

龙山

　　徽州各姓宗族在建村时尤其重视村落水口，"水口者，一方众水所总出处也"。他们将聚落水流的出口处称为"水口"。依照风水学的要求，"水出处不可散漫无关锁"。故水口应收藏闭锁方能聚水，聚水乃聚财。特别是水口还被视为村落的门户和灵魂，直接影响到该村宗族的兴衰与安危。关于古代水口的处理，大多由两山（被称为狮山、象山，或龟山、蛇山）夹峙形成较封闭的谷口，使溪流必经这仅有的出口流出，堪舆家谓守门户。在水口园林的一系列建构过程中始终践行着风水学说，徽人为了留住水（财），往往需要用桥、塔、亭、大树等标志物对水口进行"增崇"。若村口位于山谷相对开阔或小平原地区，则以堆土筑堤、堤上植树来弥补山川形势的不足。明中叶起至清中叶，徽商臻于商业鼎盛带来了文化上的发达，他们为光宗耀祖，不惜斥巨资修造祠堂家庙，立牌坊。因此徽州古村落是以徽商资本为经济基础、姓氏宗族观念为社会基础造就出具有典型地方文化特色的聚落。徽州各宗族还在村头公用之地、最具建园林条件的水口处建亭阁、掘池沼、立坊碑、造祠堂，我们可在明清时期的绘画中窥其一斑。水口园林的出现，除受风水观念的影响之外，也正如谢肇淛《五杂俎》中所言是"新安人近雅"的结果。

棠樾鲍氏先人在改造"环水"的同时又引横路塘水绕村东两股水去骢步亭汇合，潺潺流至七星墩义善亭水口处。棠樾水口在地势低洼的东南角水口处，夹峙之势略显不足，于是屈曲束水于出入孔道两旁，并采取仿北斗星方位，用人工堆成七星坛土墩，墩上栽植树木。明中期棠樾鲍氏十六世祖鲍象贤，明嘉靖八年（1529）进士，官至兵部左侍郎，被誉为嘉靖朝"中兴辅佐"，在其倡导下明中后期棠樾经历了第一次营建高潮，到明代末期棠樾已具有相当的规模，在村中共有六座元、明时期的牌坊。除了位于始祖墓北的鲍同仁状元坊、位于村西首的鲍障山监察御使坊、位于村中段的地官坊外，在现在牌坊群的位置上有鲍象贤尚书坊、慈孝里坊、鲍灿孝行坊三座，另有一座明代建的骢步亭，形成棠樾的水口园林。

水口园林提高了村民的生活品位，使村民趋向观景功能的更高层面。村落中拥挤高密度的住宅使居住者生出了对自然景观的向往，注重山清水秀、林木茂盛的村头水口环境，棠樾村在明代后期已经初具规模，明代朱仪的四景诗可见：

复古虹桥

彩虹横卧瞰清波，四畔山川景物多。
旅客往来心为喜，底须郑辂济溱河。

令尹清泉

泉因令尹著高名，邻里都传气味清。
月转银床梧影淡，小窗频听辘辘声。

横塘月霁

晚来疏雨过前岗，云敛风生薦嫩凉。
怅底微波金滉瀁，一轮明月映横塘。

龙山雪晴

六花一夜著林峦，晨起披衣启户看。
最爱龙山照初日，瑶光彻顶傲高寒。

　　清乾嘉年间棠樾出了鲍志道祖孙三代及其兄弟鲍启运等大盐商，他们输金故里大兴土木，再次掀起村落建设高潮，将棠樾村发展推向鼎盛。村水口在明代已有3座牌坊基础上陆续增建4座牌坊，按"忠""孝""节""义"排列，形成独具特色的棠樾牌坊群村水口景观。像棠樾这样以七座牌坊、三座祠堂，以龙山上的群组建筑为水口的，在徽州可算是最高规格了。

徽州

第三章　棠樾鲍氏宗族与历修宗谱综述

一、新安鲍姓的源流考

鲍姓的来源在《重编棠樾三族宗谱》中有三种说法，一说源自大禹的曾孙仲康之庶子贞公；一说始于大禹后裔婴子之后昌龄公；一说始于大禹初识素女所生之子名"赐"，三流归一，都认为是大禹的后裔。先秦时候，姓氏是分开的，同姓可以不同氏，但同氏必同姓，春秋的大多数国家，比如秦、晋、郑、齐和周王室就同属姬姓。鲍这个姓氏属于姒姓，与夏朝王室同姓，也与春秋时的杞国同姓，因为杞国是周朝分封夏朝王室的后裔所建立起来的国家。到了春秋时期，远古大禹的后裔杞国公子敬叔，到齐国出仕，受封于鲍邑（在今山东济南市历城区，过去是历城县），其子孙便以封邑为姓，世代相传姓鲍。而其来源于母性氏族的姓"姒"，则就此湮没于历史的长河中，少有人知了。《姓苑》记载："（鲍）系出姒姓。夏禹后。春秋时杞公子有仕齐者，食采于鲍，因以命氏。"

敬叔的儿子鲍叔牙开始以封邑为姓氏。鲍叔牙（？—前644），春秋时期齐国大夫，亦称"鲍叔""鲍子"。鲍叔牙少年时与管仲友善，曾经一同在南阳一带经商。鲍叔牙家比管仲家富有，他们合伙做买卖，每次赚了钱，管仲总是多分些，朋友都认为鲍叔牙糊涂，吃亏了。鲍叔牙说，管仲并非贪财，因他家贫困，我自愿让给他的。后来徽商合伙经商时都以此为楷模，将"管鲍之交"作为合伙经商的代名词。

齐襄公时，鲍叔牙辅佐襄公的弟弟公子小白，后因襄公为政无道，鲍叔牙知齐国将乱，随公子小白逃奔莒国，同时管仲则随公子纠逃奔到鲁国。在齐襄公被杀、公子纠和公子小白争夺王位的战争中，管仲曾用箭射小白，箭中带钩，小白装死躲过一劫。后来小白得胜继位为国君，即齐桓公。桓公任命鲍叔牙为相，叔牙辞谢，保举管仲为相。齐桓公不记一箭之仇，任用管仲为相，传为历史佳话。后来齐国经管仲的改革，日渐富强，

称霸诸侯，是春秋五霸之首。管仲曾言，"生我者父母，知我者鲍子也"，鲍叔牙遂以能知人为世人所称道。管仲、鲍叔牙多年友善，叔牙深知管仲有非凡的治世才能，始终如一地礼让、尊重、信任。历史上流传下来的成语"鲍子遗风""管鲍之交"，便是源于他们二人的友谊故事。相传鲍叔牙死后葬于现在山东历城鲍山下。现在的济南钢铁公司内有一座鲍山，山下还保存着鲍叔牙墓，为济南市文物保护单位。鲍叔牙的父亲敬叔后被奉为中华鲍姓始祖。

在这之后，中华鲍氏望出泰山、东海、河南、尚党等郡。新安鲍氏都称出自秦置尚党郡，"尚党"即"上党"，在现在山西省长子县。新安鲍氏的最早记载始于西晋时期。汉建安十三年（208），三国吴国孙权派遣贺齐率兵平黟、歙山越，破黟帅陈仆、祖山和歙帅金奇、毛甘，在其地设新都郡。晋灭吴之后，改新都郡为新安郡。新安郡初建时，由于连年征山越和征吴，民心不稳，需要派重臣来镇守，西晋太康中（公元三世纪末）将手腕强硬、但又知道藏锋怀柔的鲍伸"拜护军中尉，出镇新安"。鲍伸原籍青州，到了公元四世纪初，青州大乱，鲍氏子孙进入江南，其中就有一部分跟随鲍伸进入新安。

鲍伸儿子鲍泉，字清远，夫人金氏梦赤麟入室之祥，生鲍弘，字元始，幼名长青。东晋咸和年间（326—334），鲍弘任新安郡守，因占籍郡城西门，居住在新安郡之西门，为迁新安鲍氏始祖。其后六世祖虎臣公，由郡治西门迁十五里牌，是为再迁。九世祖安国公居鲍屯金龟坦，至十七世明元公，当黄巢寇乱，避居王干塞，寇退仍归上坦鲍屯。据明史记载：新安太守鲍弘的后裔，由鲍屯分迁歙县各地的鲍氏已有29派。其中有两派值得关注：明初向杲的鲍时昌，捐资开筑燕坑石堨，在小溪上形成长塘，后人以长塘鲍氏自称。长塘鲍氏明代经营浙盐，后代有鲍思诩娶杭州顾氏为妻，遂移家杭州。鲍思诩性嗜读书，并略有藏书，他的儿子鲍廷博又力购古人之书乃筑室藏书楼为"知不足斋"，是乾隆编纂《四库全书》时四大献书家之一；鲍弘的十世孙萝节居徽郡河西坞，至十二世的鲍荣，始筑"掌书园"在棠樾，故称棠樾派之始祖。

研究中国宗族的学者们认为，宋以后中国社会具有的重要特征是出现了新宗族形态。其特点是宗族的组织化，宗族记忆系统的建立得到了国家的支持，因为它与地方社会秩序重建是一致的。传统中国社会特有的不同层次、不同地域交织而成的记忆系统是中华文明历经劫难而长盛不衰的内在机制之一。徽州宗族记忆系统由文本与仪式两个子系统所组成，这两个子系统相互作用制约，构成一个完整、复杂的记忆系统，这是徽州社会得以保持"千丁之族，未尝散处"的内在机制。谱牒是宗族记忆的文本，徽州宗族的严密性与持久性是由族谱的严密性与持久性来做保障的。赵吉士《寄园寄所寄》指出："新安各族聚姓而居，绝无一杂姓掺入者，其风最为近古。出入齿让，姓各有宗祠统之，岁时伏腊，一姓村中千丁皆集，祭用文公家礼，彬彬合度。父老尝谓新安有数种风俗胜于他邑：千年之冢，不动一抔；千丁之族，未尝散处；千载谱系，丝毫不紊。"在长期的日常生活中，要保持"千丁之族，未尝散处"，依靠的是"千载谱系，丝毫不紊"。族谱是对祖先的确认与追忆的凭借，族谱的撰修是宗族组织的首要大事。宗族通过修谱、建祠、祭祀、团拜活动，从思想上、组织上加强了统治，又通过制定族规家法，把族人的言行限制在宗族规定的范围内。

古徽州许多宗族具有牢固的经济基础，这种经济基础是以宗祠为纽带，通过宗族内富商富绅捐建族内义田义仓为主，加上族内一般的添丁、晋主收费等募捐众家钱物筹办成族产。族产的设置和迅速扩展，在乡村经济中占绝对优势地位，形成"穷村乡，富祠堂"的局面，使族人从经济利害关系上与宗族紧密联系在一起，不得不俯首帖耳听命于宗族的权威，而这种"听命"，在很多情况下是心甘情愿的。同时这种族产，又是编纂谱牒的最主要的资金来源。

中国现存的各类谱牒中，徽州的族谱数量最多，也最富有研究价值。族谱是"家之大典"，与祠堂祭典一样重要，而且还要不断地重修，是 10 年修一次，还是 20 年、30 年修一次，各宗族可视自己的经济状况而定。受到宋儒重建宗族制度的主张与实践的影响，徽州大部分宗族的宗谱最早修在宋代，存世的最早宗谱也证明这一观点。棠樾鲍氏的宗谱可考的最早始于南宋。

鲍荣的七世孙鲍永高（1197—1271）在南宋末年开始收集鲍荣之后可考的资料，宋开庆元年（1259）编著棠樾鲍氏的宗谱。由于鲍永高收集祖先资料时认真仔细，编著宗谱时一改"攀附显贵"等弊病，把鲍荣之前不太可靠的传说剔除，因此棠樾鲍氏三族的宗谱资料是比较详细和可靠的。这一实事求是的传统一直被鲍氏子孙继承下去，如十二世鲍深（1313—1383）自少好读书，记录正史中遗漏的忠孝节义事迹。元末乱时，他将祖上的手泽遗书移到南墅耕读堂中，后又避乱进入灵山芳坞。时局平静时编纂成《投锄录》，为棠樾鲍氏保存了许多宗族文献，为鲍氏宗谱的续修积累资料。元代和明代，鲍氏的宗谱一直处在延续记录和修订中：元至元十二年（1275）十世孙鲍周（景文）的续编；明天顺三年（1459），十五世孙鲍宁（庭谧）的重编；明天顺七年（1463），十六世孙鲍泰（希止）的

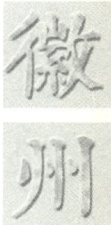

徽州

续编；明鲍宁（鲍同仁孙）编《成化新安棠樾鲍氏族谱》，一直到清乾隆二十五年（1760）二十四世孙鲍光纯主编的《重编棠樾鲍氏三族宗谱》（20册200卷）将鲍荣支下与迁派的棠樾、蜀源、岩镇三地的族系全部收录，成为一部完整的棠樾鲍氏三族系列宗谱。由于卷帙浩繁，直到清乾隆三十一年（1766）才出版。

始祖鲍荣

二、《重修棠樾鲍氏三族宗谱》述略

据《重编歙邑棠樾鲍氏三族宗谱》记载：北宋中期，鲍荣建别墅于棠樾，后又将妻子的坟墓安葬在棠樾掌书园，自此，子孙经常往来歙城西和棠樾之间。南宋初，由于宋都南迁，徽州人口剧增，鲍荣第四代孙鲍居美认为，"棠樾山川之盛，原田之广，足以立子孙百世"，就带领全家自歙县西门搬到棠樾来居住。所以鲍氏认为，鲍荣是棠樾鲍氏三族的始祖。棠樾鲍氏三族依次是棠樾族、蜀源族和岩镇族；鲍荣的另一四世孙鲍居仁将母亲的坟墓安葬在蜀源的鹤林地，为守母墓而迁居蜀源，鲍居仁是鲍氏棠樾派蜀源族的别祖；鲍居仁的玄孙鲍昌孙迁岩镇，成为岩镇族的别祖。

1. 棠樾鲍氏三族之蜀源族

在棠樾西北 6 千米处有蜀源村，该村四面环山，极似四川盆地，故称蜀源，又因其水口观音山上盛产桃花、昙花，故又有"小桃花源"和"优昙谷"之称。蜀源不仅自然风光优美，而且同样有浓厚的徽文化底蕴。蜀源村的人口中，80%是鲍居仁的后裔，是棠樾鲍氏三族中鲍姓族人最集中的村落。据《重编棠樾鲍氏三族宗谱》记载：鲍荣的四世孙鲍居仁将母亲的坟墓安葬在蜀源的鹤林地，为守母墓而迁居蜀源，成为鲍氏棠樾派蜀源族的别祖。该村始建于南宋建炎元年（1127），历史悠久，人杰地灵，英才辈出，尤其是清代乾隆年间鲍光甸、鲍光猷等业盐至富，置祠产义田，为家族中显宦节妇请旌树立牌坊。现在矗立在村口的"赞宪坊""贞寿之门""鲍光绩妻诰封恭人许氏节孝坊"三座牌坊，就是很好的见证。

2. 赞宪坊

此坊建于明嘉靖年间，在徽州牌坊中风格独特。它的独到之处有三：其一，不是表彰忠孝节义，而是旌表官绩清政；其二，不是三间四柱，而是单间双柱，与其他两座牌坊相比显得朴实无华；其三，它的建筑材料是花岗岩，而不像其他的明代牌坊材料是白砂石，所以可以保存至今。建坊的缘由是明嘉靖时，广西田州土酋庐苏王造反，皇帝欲兴兵讨伐。时任广西镇节使的鲍镇听后心急如焚，认为土酋之乱乃奸徒为害，如果采取征伐之策，必殃及朝廷、百姓，提出招抚为先的主张。经多方斡旋，没有使用武力，终使田州平息了这场动乱。朝廷特许立"赞宪坊"以旌其功。此后，鲍镇解甲回归故里，于鸾峰之下读书吟诗，著有《鸾峰集》一书，别号"鸾峰居士"，享年 89 岁，是当时的高寿之星。

3. "贞寿之门"牌坊

此坊又称百岁坊，石坊额上书有"贞寿之门"四字大型楷书，旌表的是朝廷敕赠的儒林郎候选州同知鲍德成妻，敕封太安人方氏百岁之坊。鲍德成，字文化，幼时谋生于外地，闻父亲客死于河南后，只身徒步数千里，历尽艰难险阻，终于找到了父亲的灵柩，并一路餐风宿露，扶柩回到故里蜀源。鲍德成因没能侍奉父亲，心存郁闷，因此而更加孝顺母亲，终日侍奉左右，不离须臾。母亲病了，他亲手煎药调汤、洗涤便器，终年累月衣不解带，直到母亲病殁安葬。他的妻子方氏封安人，以贞节孝顺饮誉乡里，晚年寿登百岁，成为人瑞。乾隆七年，官府为之请旌获得批准，于是蜀源就有了这座旨在旌表贞寿的百岁坊。

4. "节孝坊"

此坊建于乾隆四十年（1775），旌表的是诰赠朝仪大夫鲍光绩妻诰封恭人许氏的。许氏 19 岁嫁给鲍光绩为妻，24 岁就成了寡妇。许氏含悲忍痛中，一边精心侍奉鲍光绩继母，一边教育孤子读书成人，守节数十年，深为乡人敬重，经地方官府上报朝廷请旌，终于建起了第二座贞节牌坊。

此两座贞节坊建造的时候正是鲍家盐商鼎盛年代，所有的构件全部用优质的浙江茶园青石，建成四柱冲天式，四柱三楼，比建于明代赞宪坊要豪华得多。

蜀源节孝坊

蜀源村、棠樾村、岩镇三处鲍氏家族聚集地的地理分布呈现出一个等腰三角形，有利于家族在天下大乱时可退入四面环山的蜀源村中避险，在太平盛世，则可进入丰乐河最大的河谷平原所在的繁华市镇岩镇发展商业。然而鲍氏家族没有在战乱年代退至蜀源村避险的经历，倒是后人曾利用过蜀源村的能避险的地形避过险，如 1938 年冬，西溪大画家汪采白全家为避战乱，避居蜀源鲍氏绿雨楼中。由于环境优美，加之百岁坊的祥瑞，蜀源村现有的"休闲养生游"，使都市生活的老年人投身宁静安逸的乡村，饱览品位独特的徽韵，分享山里人家的祥和，享受人间仙境之悠然。

5. 棠樾鲍氏三族之岩镇族

据《重编棠樾鲍氏三族宗谱》记载，迁居蜀源的鲍居仁玄孙鲍昌孙明代初期迁居岩镇，是为鲍氏岩镇族的别祖。传到十四世鲍道明时，出现了棠樾鲍氏三族中的最高官员——明代南京户部尚书。鲍道明（1503—1568），自小喜读书，成年后，不耽他技，唯日事诵读儒家经典，为嘉靖戊戌（1538）科进士。他曾任贵州省巡抚，在贵州苗族动乱时，剿抚并举，荣立安邦大功，嘉靖四十年（1561）一年内，由巡抚升户部大理寺卿，又升为南京户部尚书。一岁三迁应了"风水绝佳处，连升三级地"的俗话。

　　明代是宋以后新宗族形态承上启下的重要历史时期，甚至可以说宋以后新宗族形态就是在明代形成并普及的。有的学者指出这是同明代社会经济的变动有密切关系，明朝中后期，朝廷对士大夫阶层的免税照顾，造成江南土地兼并激烈，形成了一批大官僚地主家族。这些官宦世家集团把持官府，权势极大，占有大量土地，相当一部分还控制了盐业经营权。到了清初，江南士族的土地垄断程度过高，以致影响了清初朝廷的税收和漕米，结果清廷通过"奏销案""科场案""通海案"等一系列大案，严厉追缴这些世族家庭的积欠，造成江南世族大部分破产，暂时没有破产的也早已失去了昔日的辉煌。棠樾鲍氏三族之一的岩镇族就是一例，甚至连修宗谱的银子也出不起了。

　　从《重编棠樾鲍氏三族宗谱》最后的修谱捐银清单来看，棠樾、蜀源、岩镇三族中最多的是棠樾四千多两，其次是蜀源二千多两，而岩镇只有四十六两，几乎是棠樾的百分之一。是什么原因造成三族出资的极端不平衡而享受几乎同等的入谱权利？主要是乾隆年间岩镇鲍氏以从事教育事业为主，在财富上无法与棠樾和蜀源的大盐商相比。但是岩镇族在明代出了鲍氏最高的官——南京户部尚书鲍道明，受中国封建社会官本位的影响，"学而优则仕"是徽州宗族的最高追求。宗族要发展，要想在社会上占有一席之地，光靠经济力量是不够的，更重要的是确立宗族在政治上和学术上的权威，而这两点的最高成就，就是科班出身的高官。所以岩镇族出资极少而享受几乎同等的入谱权利。还有同样的原因，岩镇族鲍道明的尚书牌坊是由棠樾三族出资而树在棠樾村的总祠所在地，以示光宗耀祖。

　　宗族的兴衰有一定的周期，就在棠樾鲍氏盐商急流勇退的嘉道年间，岩镇鲍氏族中出了鲍桂星、鲍沧碧兄弟两进士，其中兄长鲍桂星仕途更为显著。鲍桂星（1764—1826）字双五，一字觉生。嘉庆己未科进士，经多次升迁，59岁时升侍讲，充日讲官，成为嘉庆皇帝的近臣。累官工部右侍郎，后中蜚语落职，但道光皇帝上台又起用他。道光元年升詹事，充日讲起居注官，诰授资政大夫。鲍桂星文化层次高，邃于文书，初从岩镇吴定

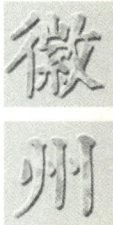

学诗古文，后师从桐城派领军人物姚鼐，为诗能合唐宋之长，有《进奉文钞》《觉生诗钞》《诵史怀人诗》等著作，又编著《司空图说》，辑《唐诗品》八十五卷。他的三弟鲍沧碧，也官至兴安府知府，诰授朝议大夫。这对兄弟衣锦还乡时，在岩镇，不但重修鲍氏宗祠，还建科第坊、重修了水口文峰塔，凤山台。

他们的侄子鲍康（1810—1881），字子年，自少年时随叔父鲍桂星居北京。道光十九年（1839）中举人，以内阁中书，官至四川夔州知府。他平生癖嗜泉币，在京师，与吕佺孙、李佐贤、刘师陆诸人有同好，收藏甚富，多为前人所未见之珍稀古钱币。流寓秦中时，与刘燕庭晨夕相处，互出所藏相质证。他著有《泉说》《古泉汇》《大钱图录》等著作，是我国古代著名的钱币收藏家和鉴定专家。

清末岩镇鲍蔚文做过江苏的县令，民国初年收藏了西溪南《余清斋帖》的刻石，鲍氏岩镇族裔孙为文化事业做出的贡献是显著的。

三、棠樾盐商和《棠樾鲍氏宣忠堂支谱》

鲍氏在棠樾的一族枝叶茂盛，分成许多支派，如鲍居美有二子鲍汉、鲍泳，分成汉公派和泳公派；鲍泳之下又分成寿孙派和万四公（庆云公）派；万四公之下又分成珪公派和衢公派；珪公派下分成相童、铁童、继善、宗庆、助庆、文庆、隆庆、瑞庆、福得、民得、祖荣、敦善、家善、万善等二十派；万善公派之下更是人丁兴旺，有若松、若梅、象贤等21个曾孙。这些支派大部分外迁，有的长久失去联系，而且排辈序字不规范、不统一，容易造成辈分的紊乱。由于支派太多，在棠樾本里居住的只占其中很少一部分，有必要编纂更能体现棠樾本里鲍氏的族谱。《重编棠樾鲍氏三族宗谱》出版时是乾隆三十一年（1766），鲍志道才二十三岁，二弟鲍启运才十四岁，长子鲍漱芳刚出生不久。30年后，这三位鲍氏后裔经商业盐，富埒王侯时候，再次修谱。

这次修的是支谱，宗十六世祖鲍象贤为支祖，辟尚书公旧居"宣忠堂"正厅为享堂，左侧建尚书祠，作奉祀礼拜之所。所以谱名《棠樾鲍氏宣忠堂支谱》。此谱嘉庆之初年开始编纂，主编是鲍志道和族侄鲍琮（学坚）。请户部尚书雄村的曹文埴（？—1798）作《宣忠堂支谱序》。曹文埴云："宗谱水既江，而支谱其众流者也，鲍氏为新安望族，其宗谱修明，阅有年矣！今棠樾诚一（志道字）学坚（琮字）两君谓迩者来有纪也，支谱不立，将订宗谱曷据焉？于是别立一帙，遵旧谱例以肇基棠樾者为始祖。而就其布支，乃有条分而缕析焉，以为支各一谱，则万人独一身也，子孙绳，循列以续，则百代如一世也。"编纂《棠樾鲍氏宣忠堂支谱》时棠樾鲍氏共有73户，304人，其中属宣忠堂支派的有125人，其他支派的有101人。棠樾宣忠堂支派，自二十一世起辈序列行字为："士逢仪廷钟，明伦崇典训，继起尚书家"（二十一世前的辈序字不规范，难入列）。徽州既以"东南邹鲁"驰誉遐迩，又以"商贾之乡"闻名海内，"贾为厚利，儒为名高"，徽商虽孜孜追逐"厚利"，但他们更念念不忘"名高"。棠樾这次修谱，主要是由大盐商鲍志道出钱出力，从这次修谱新增的"行字"含义中，只有企求子孙"名高"至"尚书"的，几乎没有显示"厚利"的，便可证明这一点。或者说追求"名高"是显性的，谋求"厚利"是隐性的，谱中所载名人的传记也体现出这种精神。根据棠樾几种族谱可以理出棠樾族的主要的名人和辈分：

一世　鲍　荣（宋代以文学起家，建别墅在棠樾，为棠樾三族始祖）

二世　鲍　铸

三世　鲍　玠（工诗文，以易学教授乡里郡邑）

四世　鲍居美（迁居棠樾，为棠樾始迁祖）　鲍居安　鲍居仁（迁居蜀源，为蜀源始别祖）

五世　鲍　汉　鲍　泳

六世　鲍闻诗　鲍闻政

七世　鲍永高（始著鲍氏族谱）　鲍　衡

八世　鲍　山（万一公）鲍宗岩（旌表慈孝）　鲍庆云（万四公）　鲍昌孙（岩镇族支祖）

九世　鲍　元　鲍寿孙（旌表孝子，解元第一）　鲍　珪　鲍　衢

十世　鲍　周（寿孙长子，入绍鲍元，歙教谕，封黟县尹）　鲍　回

十一世　鲍同仁（蒙古状元）　鲍　凤（元末孝子）　鲍　琰　鲍元康（复文公田）

十二世　鲍　深（师山院长）鲍汪如（明洪武浙江盐商）

十三世　鲍　颍（翰林修撰）　鲍万善

十四世　鲍邦灿（存爱堂主）

十五世　鲍光祖　鲍光庭

十六世　鲍象贤

十七世　鲍孝友

十八世　鲍献旌

十九世　鲍孟英　鲍齐英　鲍同英

二十世　鲍初奂

廿一世　鲍士臣

廿二世　鲍逢仁　鲍世友（迁扬州，盐商）

廿三世　鲍宜瑷

廿四世　鲍志道（盐总商）　鲍启运（盐商）

廿五世　鲍漱芳　鲍勋茂　鲍敬庄　鲍节芸　鲍有莱　鲍学通　鲍春迈　鲍集成

廿六世　鲍　均　鲍泰圻　鲍宗城　鲍步墀　鲍咸堉　鲍继培　鲍明塘　鲍明墫　鲍明璆

廿七世　鲍辂伦　鲍轩伦　鲍嵇菴

廿八世　鲍希禹　鲍筱琴

廿九世　鲍　瑃　鲍　珊　鲍典培

《宣忠堂支谱》是鲍志道等盐商修的，他们重修和新建的牌坊表彰的对象是自己这一支的直系宗亲，他们重修和新建的祠堂也是这种思路。

第四章 棠樾鲍氏宗祠和
祠祭的特殊性

一、棠樾的鲍氏宗祠考略

徽州是程朱阙里，当集儒学之大成的朱熹理学占据国家政治主导地位，成为儒学主流思想后，"家国同构"的优势便凸现出来。从维系祭祀秩序、保证纯正血统、强化光宗耀祖的族条祠规，到徽州宗族习惯法的形成，这种理学思想氛围，为"家国同构"模式铺平道路。同时，祭祀、祠堂、族谱、坟茔、祠产等宗法制度也在不断完善，徽州族内逐步形成了一整套的祠堂规范体系，并在管理社会公共事务中发挥着不可替代作用。朱熹所著的《家礼·祠堂》说："君子将营宫室，先立祠堂于正寝之东，为四龛，以奉先世神主。"聚族而居、极重宗法的徽州人对这位大儒崇仰至极，以《家礼》为依据，南宋之后就纷纷在居家之室设先祖神位，或立家庙家祠以祭祀祖先。当然，这种家庙家祠和后来宗族共建的有前院、享堂、寝殿的独体建筑——宗祠、支祠，建构不同，供奉也有所不同。如棠樾的元代学者鲍元康在村北龙山上建慈孝堂，供奉宋末元初遇盗争死鲍宗岩、寿孙父子，是棠樾鲍氏第一座家庙，与后来祠堂还是有区别的。

明嘉靖十五年（1536），礼部尚书夏言奏议《请定功臣配享及臣民得祭始祖立家庙》，说是"臣民不得祭其始祖、先祖，而庙制也未有定则，天下之为孝子贤孙者，尚有未尽之情"，提出"定功臣配享""乞诏天下臣民冬至日得祭始祖""乞诏天下臣工建立家庙"三条建议，明世宗朱厚熜采纳了夏言的建议，"许民间皆得联宗立庙，于是祠堂遍天下"。一方面是朱夫子《家礼》在徽州故乡的深入人心，一方面得到嘉靖皇帝在政策上对民间建祠立庙祭先祖的鼓励，从这时开始，徽州乡村宗族兴起了大建祠堂的高潮，每个族姓都建有规模不同的祠堂，分宗祠、支祠、家祠等类别。宗祠规模较大，一般居于村首或村中显要位置。支祠由各支族而建，祭其门祖，规模相对要小一些。徽州祠堂不仅是祭祀祖宗或先贤的庙堂，而且

是村落宗族财势和实力的象征。村民的生活，宗族的繁衍、发展和兴衰，村落布局结构均与祠堂相关。可以说一个村落宗祠的数量、规划和气势就可折射出这个宗族烟火的兴旺程度。

棠樾村的鲍氏宗祠在明代嘉靖后期建于村东，后毁于太平天国兵燹；棠樾的支祠原来还有"宣忠堂"，是明代工部尚书鲍象贤支派的支祠，明隆庆年间建成，清乾隆年间九世孙鲍志道又花巨资重修，专门奉祀鲍氏历代取得科举功名的祖先，并改宣忠堂为"尚书祠"，新中国成立后损毁；棠樾的家祠原有耕读堂等，耕读堂原是八世祖万一公鲍山的家庙，后来支下出了两个翰林，又称"翰林祠"。

敦本堂

棠樾牌坊群旁现在还有鲍氏三座祠堂，一为鲍氏敦本堂，又称万四公支祠，俗称男祠；另一为鲍氏姓祠，又名清懿堂，俗称女祠；还有一座世孝祠。在敦本堂东原建有西畴书院即鲍氏的宗祠，现已毁，西为文会旧址。早期儒家学者提出"以文会友"，如《论语·颜渊》载："曾子曰：君子以文会友，以友辅仁。""文会"因此而得名。文会是徽州乡村士子活动的组织形式，活动的内容是聚饮、会文、赋诗等，文会有时也干预地方事务。棠樾的文会始建于明代，是鲍氏同族士子聚会的场所。文会西为世孝祠，世孝祠西为大和社，大和社已拆毁改为小学，现存四座巨大的柱础，可见其建筑规模的宏伟。社屋是作为古代祭祀土地神和五谷神的一种特殊的公共场所。另外在棠樾村东的龙山上明代就建有汪王庙、御碑等建筑，后倾圮不存。鲍志道在乾隆年间重建了御碑，把永乐皇帝和乾隆皇帝的御笔题赞刻石纪念，又重修慈孝堂。这些祠堂、文会、社屋都是属于鲍氏家族的公益建筑，它们的修建也主要是鲍氏盐商的功德。清嘉庆初年，明代建的万四公支祠，经历250年风雨，已颓败不堪，当时辉煌于两淮盐务的总商棠樾鲍志道一家，出于光宗耀祖、积德行善的理念，鲍志道与弟启运、子漱芳捐出巨资，将支祠重建一新，又于左侧修葺"文会"，创建"世孝祠"（崇祀南宋以降的鲍氏孝子）。同时又整修了"大和社"及水口、牌坊、林园、"三元庵"等文物古迹。鲍启运别出心裁，因支祠只奉男主，未附女主，拿出全部储蓄，于大和社对面，坐南向北构筑了"女祠"——清懿堂，崇祀女主。

二、敦本堂和祠规三则

棠樾鲍氏自始祖荣公起，至今已繁衍34代。棠樾鲍氏支祠始建于明嘉靖年间，为十六世祖鲍象贤居家十年间（约在公元1550年左右）集宗人建于西畴书院旧址，所以又称"西畴祠"；又因该祠为崇祀八世祖登仕郎庆云公而建，庆云公在族谱中排行名万四，故又名"万四公支祠"；这是棠樾鲍氏本族的祖祠，又名"敦本堂"；俗名"男祠"，男祠是对女祠而言。

清嘉庆初年，明代建的万四公支祠，经历250年风雨，已颓败不堪，当时辉煌于两淮盐务的总商棠樾鲍志道一家，捐出巨资，将上述支祠重修扩建，增大进深与寝堂台基高度。敦本堂坐北朝南，三进五开间，面阔18.1米，进深57.2米，占地1035平方米。该建筑为砖木结构，硬山式，仪门为五开间翼角高耸的五凤楼式，门前石坦上摆有六角形旗杆石；祠堂外石阶三级，谓"三级金阶"，皆青石铺砌；祠门两壁呈八字形墙，满饰砖雕，仪门内增设门簪及抱鼓石。入仪门，天井庭院宽敞，两廊东西合抱，享堂大厅构筑宏丽，宽五间，明间、次间深用四柱，梢间五柱，山面六柱；前后檐用方形石柱，全堂砌上明造，抬梁与穿逗式构架结合，前檐步架做成船篷轩。享堂中上悬"敦本堂"匾，为清代书法家王文治手笔。享堂正中装有灰漆屏门16扇，上刻由号称"国朝第一"的清代大书法家邓石如手书的、标榜历代鲍氏"君臣、父子、夫妇、兄弟、朋友"五伦范例的《鲍氏五伦述》，全文共计544字。明间后檐柱间立有嘉庆皇帝上谕三道碑一座。后进天井为深池式，两庑墙壁上嵌砌有《重修万四公支祠

记》碑一方、《公议敦本、体源两户规条》碑6方。后进寝堂地坪高起，沿两庑石阶而上，寝堂五间深七檩，檐下置青石栏杆，后部做有木主龛座。寝堂两侧墙壁上嵌有《义田禁碑》以及清代著名书法家梁同书、刘墉、黄钺等誊写的《鲍氏义田记》碑刻。整座祠宇结构简洁，工艺精湛，布局合理，气势恢宏壮观。木结构上梁头出挑承檐，附加斜撑支持，梁驼、雀替普遍使用，体现了显著的徽州古建筑特色。木构件的装饰也具有明显的地方特色，冬瓜梁的出头部分做成象头状，形态逼真；斜撑、雀替平盘斗等构件上雕刻图案化的花草纹饰；寝堂檐下做有带枫拱的斗拱，既能承担出檐的重量，又起到装饰的作用。

宗族要绵延发展，子孙要继往开来，必定要制定一套法规，从属于封建根本制度，管理、约束所有族众，惩恶扬善，使他们的行为循规蹈矩，不逾礼教范围。笼统地说，封建统治者鼓吹的"三纲五常"，封建礼教宣扬的伦理道德，也是不言而喻的"族规"。棠樾鲍氏支祠"敦本堂"是明嘉靖年间鲍象贤致仕时期会宗人所建，当时他就曾亲手制定《西畴祠规》。

西畴祠规

鲍象贤（思庵）

祠堂所以尊祖，尊祖所以敦睦。一本之义既明，亲爱之心自起，此同建立本意。若分门立户，恃强凌弱，虽建何益！至于附祀，贤者附之，则人皆勉于善。贵者附之，则人皆力于学；出财而恶者亦附之，则为子孙者，皆知立业，以伸祖考之敬。此固附祀本意。若计利违义，各图己私，虽祀何补！凡我宗人，宜悉此意。租谷之入，二祭之外，余银存匣，以候修举众事，不可各收己身。如有违执，亦勿争论，以伤大体。但祭版不列先名，分胙不颁其分，使自省。

明隆庆元年七月廿六日思庵谕言

传至清乾嘉之际，族内人口渐多，族事日繁，特别是大量义田等祠产的介入，为了加强对族人的管理和教育，在维护族产、祭祀、兴水利、施发赈济等方面，制定了许多细则，其中嵌于男祠壁上的碑刻"公议敦本户规条"和"公议体源户规条"，可见这种宗祠附属产业义田的作用。

公议敦本户规条

一、春粜之设，以体源、敦本两户钱粮营米为谷价，早完国课，永利族贫。仍储谷备荒，法至善也。规条详列于后，唯冀永远遵行勿替。以无负谋者敦宗筹远之苦心，举族幸甚！

二、不论男女大小口，一例粜给。其小口，年至三岁准粜。

三、盗卖祖坟公产，盗砍荫木者，永不准粜。

四、聚赌，无论骰子、跌钱、看牌，概不准粜。改过者，次年准粜。

五、酗酒、打降者，不准粜。改过，次年准粜。

六、男妇有干犯长上，品行不端，及好与人寻事争斗者，停粜三年。改过三年后，准粜。

七、妇人打街骂巷，不守规法者，停粜一年，改过，次年准粜。

八、有用人者不准。如出嫁女归宁在家，及妻之母相依者，不以用人论；女与妻母不准粜。本家听粜。此外，另有亲戚及帮工者，即与用人无别，该户概不准粜。

九、自宋住居本村者方准粜。

十、族人贸易来去无定，届期亲身报名，准粜。期后来者不补。

十一、本户田税共计五百三亩八分七厘五毫一丝，塘税八亩五分九厘三丝五忽。

十二、时租三千七十三斗九升五合。

十三、硬租六千五十三斗八升一合。

十四、征租章程俱已载明体源规条一体照办。

十五、租谷订定晒干，八六折归仓。

十六、本户共该正则钱粮六十三两六钱一厘，营米二石一斗一升八合，并体源户钱粮营米俱以本户谷价完纳。

十七、粜谷定于二月初五日收钱，初十日发谷。应粜谷者先于正月二十五日至仓所报名登簿，次日司祠与文会将两户钱粮营米算共需银若干，查上年收谷实数，除应提备三十石外，计算每升应粜钱几文，每人应粜谷若干，用红笺条写贴祠前，俾众共知。已报名届期不交钱者，即将应粜之谷，给予一半，仍一半听司事变价充公。

公议体源户规条

一、谷系给本族鳏、寡、孤、独四穷之人，须合例者，不得徇情滥给。

二、四穷及废疾与例相符，应给谷者，执事之人知会督总，给予经折，孤子注明年庚，以备查考，再行给谷，以专集成。

三、鳏、独年至六十岁，给领食谷。后有愿继其为子者，亦一体给领，全其宗祧，其子年至十八停止。其父母仍照例给发。

四、孀居有子，俟其子年至廿五岁停止。

五、孤子年至十八岁停止。

六、孤女出嫁日停止。

七、族有或有流荡他方，无音信者，其父母、妻子不得捏称物故，援例食谷，总以访其有实据，本家迎过魂后，方准给领。

八、食谷之人有病故者，给谷三十六斗，以为身后使用，孤子女自十五岁以内者，给谷廿四斗；十岁以内者，给谷十八斗；五岁以内者，给谷九斗，其谷于下月初一日给领。

九、孀居住居母家者，准领；寄居亲戚者，不准领，妾住母家不准。

十、四穷合例人，总以自宋至今住居本村者，准其领给。

十一、盗卖祖坟公产、砍荫木者，永不准给。

十二、孀居年少时，不愿食谷，出村佣食，及至年迈归家，再行请领者，永不准给。

十三、妇人打街骂巷，不守规法者，停给一年。改过，次年再给。

（下略）

《公义敦本户规条》实质上是鲍氏族内的平粜仓的规则，在每年春荒谷价上涨时，将仓内稻谷半价卖给族内一般穷人；《公义体源户规条》则是救济族内鳏、寡、孤、独四种极穷之人的"四穷仓"规则。明清时期，由于宗族人口的自然繁衍和膨胀，徽州人地矛盾进一步加剧，加上自然灾害频发、战争摧残等因素的影响，使得徽州社会的生存环境和生存状况极为恶劣，徽州宗族的部分族人长期处于贫困状态之中。这一时期徽州宗族社会的贫困现象，倘若没有较为健全的宗族内部救济机制，则徽州宗族人口的生存、宗族社会秩序的维持，在很大程度上也会成为严重的社会问题。可以说，明清时期徽州宗族能够经常战胜困难、渡过难关，维持宗族社会的持续发展，在某种意义上也应归功于这一时期宗族内部发达的救济机制。上述两种《规条》在当时棠樾鲍氏族内曾起着维护宗族礼教的重要作用，不可等闲视之。又由于棠樾的义田和"四穷仓"主要是鲍志道盐商家庭从经营盐业的巨大利润中划出部分建立的，因此盐商在这点上是起了进步作用的。"敦本堂"所有的遗存不仅是鲍氏子孙的珍贵遗产，也是研究徽州宗法制度和徽商历史的重要文物，具有十分重要的历史价值和学术研究价值，是人类共同的宝贵财富。

"敦本堂"经历了近两个世纪的沧桑，祠宇有多处损坏，特别是五凤楼在"文革"期间被拆毁改建。在歙县有关部门的努力下，耗巨资进行了大规模的维修，修旧如旧，重建了五凤楼，并组织人员设计制作了可供游人观赏的盐商鲍志道的经商发家史艺术场景，充分展示徽州盐商荣衰变迁的史迹，备受人们关注。

三、特殊的世孝祠和清懿堂（女祠）

为了恢复和保持棠樾牌坊群景区的完整性，歙县有关部门又对两座特殊的祠堂世孝祠和清懿堂进行维修，恢复它的本来面貌。

1. 世孝祠

世孝祠，是用以专门供奉鲍氏孝子牌位、教育后代修身的祠堂，凡历代鲍氏以孝行著名者，均奉祀该祠。据棠樾的鲍氏宗谱记载，历代孝子就有几十名，以"慈孝"闻名海内的棠樾原有的慈孝堂已供奉不下这么多孝子，为了发扬"慈孝传家"的精神，清代乾隆年间盐务总商鲍志道出资建世孝祠。

徽州

041

世孝祠寝堂

世孝祠原为三进，现存门楼及后进寝堂。门楼为牌坊式，水磨砖砌就，四柱三楼，梁驮、枋、雀替等构件雕刻精致。门楼上"世孝祠"门额为隶书，系清书法家邓石如所书。寝堂五开间，明间抬梁式用四柱，梢间穿斗式用五柱。寝堂后部有须弥座。檐步两侧壁间，嵌"世孝事实碑"六方，记载鲍孝孙、鲍灿等孝子的孝顺事迹，鲍志道为之作序。在东西两侧廊庑的墙上各砌有清乾隆四十二年（1777）画家汪恭书的碑记《重修慈孝、孝子两坊碑记》和清书法家铁保书记事碑记，记载了鲍志道以父亲鲍宜瑗名义重修明代的慈孝坊、孝子坊、建世孝祠的事迹。多年前，世孝祠前、中两进倒塌后，棠樾村搭建简易房，成了村民堆放杂物的地方。世孝祠是棠樾牌坊群的重要组成部分，为了恢复和保持棠樾牌坊群景区的完整性，歙县文物局等有关部门制订了详尽的修复计划，投入200多万元以修旧如旧的方式对世孝祠进行维修。随着对棠樾牌坊景区的清理及世孝祠修复工程的完工，将全面提升该景区的盐商文化村的品位。

2. 清懿堂（女祠）

清懿堂（女祠）建于清代嘉庆年间，是棠樾村大盐商鲍氏二十四世祖鲍启运建造的，借以纪念为家业的兴旺做出牺牲和贡献的鲍氏妇女。村中对此还有一个传说：鲍启运幼年失去母亲，哥哥鲍志道外出江西学生意，家中生计由其姐艰难地维持着。为了抚育幼弟，其姐竟沐雨栉风，终生未嫁。按宗族传统，老姑娘逝后是进不了本宗族祠堂的。经营盐商发达后的鲍启运，专门建立了"女祠"，作为对亲人的回报。女祠建成后，鲍志道妻汪氏，将平日的积蓄购田百余亩，悉数捐赠女祠，称"节俭田"，取租平粜给族中众妇。对家道贫困的妇女，按祠规每年济助干谷二石，又有"脂粉费"若干，无偿发给鲍氏妇女。女祠的建立也是鲍氏盐商对相夫课子守候在家乡妇女的一种回报。

清懿堂享堂

　　女祠建于鲍灿孝子坊的西南面，坐南朝北，取阴阳相悖之义。女祠五开间，三进两天井，面阔 16.9 米，进深 48.4 米，占地 700 平方米。由朝东北角的入口进入女祠，依次为门厅、清懿堂中厅、享堂和寝堂。整座建筑以硬山式高低错落马头墙外观为主要特色，唯有后进部位为歇山式阁楼。前进门厅，外有极精致的八字墙，满饰砖雕，门厅五开间，深四步梁用三柱，檐柱为整根茶园青石制成，中柱大门上有一对抱鼓石，门绘门神。双天井设计可保证祠堂内部的采光、通风要求。享堂天井用青石板铺成，四周有排水沟，中间有过道，边上有过廊。中进深八步架，明间后金柱间装有照壁。"清懿堂"三字大匾高悬在享堂照壁正中，出自书法家鲍钤之手；另一块悬在金柱梁枋之上的"贞烈两全"的横匾，则是清代名人曾国藩所书。堂以"清懿"为名，取的是"清白贞烈、德行美好"之意。"懿"通俗的拆字是"壹次心"，即妇女只能终身一心事一夫之意。享堂、寝堂都是五间九檩。寝台基高石 1.3 米，内设青石须弥座，上置木主龛，供奉鲍氏历代烈女、贞女、节妇。整座女祠布局合理，功能分明。青石制的柱础、龛座、栏杆，木制的雀替、梁驮、外檐柱撑等，皆施精细雕刻，典雅细腻，柔中透刚，玲珑剔透，精美绝伦。整体建筑给人的感觉是结构紧凑，用材匀称，造型流畅，刚柔相济，内秀而外朴，端庄而不刻板。据《民国歙志》载，棠樾鲍氏贞节烈妇女，明清两代达 59 人之多，她们的牌位赫然耸立在女祠享堂龛座上。

　　在徽州，这类女祠还有不少，女祠存在最多的地域是盐商集中的歙县西乡。仅在千年古村呈坎一处，就有好几座女祠，其中有三座女祠至今遗迹尚存。在举世闻名的仿孔庙格局而建的"罗东舒祠"旁边，有建于明代的"则内"女祠保存至今，虽然比较简朴，规模也比罗东舒祠小得多，但罗氏宗族祠堂规定其族内女性先祖灵位，可与男性先祖灵位一样，从大祠堂正门进入。呈坎的另外两座幸存的女祠：一座是前罗家庙女祠，建于明代弘治年间，享殿毁于战火，其寝殿基本框架尚存，可见当年规模；另一座是尚存一角的罗氏"一善祠"，是罗廷梅建于清嘉庆年间。"一善祠"不仅专奉罗氏女祖先，而且规定罗氏媳妇不论出身如何，即使再婚到罗家的，逝后也一样可以入祠供奉，似乎又更"开明"一些。在歙县西乡为供奉女主而设的"女祠"，历史上还有西溪南思睦祠边的吴氏女祠，澄塘村上头厅边上的女祠，长龄桥的郑家女祠和潭渡的黄氏女祠等。可惜这些反映徽州宗族社会历史的各种"女祠"，历经数百年岁月风霜，大多已经陆续消失了。万幸的是其中最大的清懿堂则完整保存至今，给后人留下了研究古代礼教和宗法制度的重要实物标本。

明清时期，中国处在封建社会，而在徽州这个"厅祠林立"的社会中，有些宗族专门兴建了女祠，这一社会现象的出现，引起了学术界的重视、思考与争论。是妇女的社会地位的提高，还是封建宗法制度的强化？是男女平等意识的萌芽，还是封建礼教对妇女压迫和束缚形式的改变？学术界对这个问题存在着不同的观点。有人认为，女祠的出现和发展有其社会历史根源，是社会文明进步的必然结果；也有人认为这一历史活化石是中国妇女抗争与觉醒的早期珍贵资料的记载。不论何种原因，这类女祠之设，都是对传统封建宗法的一个挑战，是对"男尊女卑"的一种修正。透过对徽州女祠的追寻，人们可以进一步感知历史上徽州女人和她们所处的那个特定的社会，以及她们在历史长河中所留下的痕迹。解读徽州女祠，也就走进了徽州文化中宗族社会的另一面。

棠樾村女祠记载的那些鲍氏家族女性的可歌可泣的故事，现在又衍化成女祠中陈列出的蜡像长廊风景线，"催乳哺弟""送夫经商""养老恤孤"……每一个故事都闪烁着徽州女人的异彩，催人泪下，促人遐思。同时列为永久性展示的，还有"中国历代妇女服饰展览"，更使女祠内容益加充实多趣，激发出"美丽的女祠""美丽的妇女""美丽的文化"的诗情。棠樾女祠作为博大精深的徽州文化的一个亮点，作为源远流长的中华文化的一朵奇葩，已经成为海内外诸多专家学者和游客们关注的焦点，他们从五湖四海走来，走近女祠，走进女祠，破译这个耐人寻味的历史谜团，倾听这首奇特立体的妇女颂歌。

四、棠樾鲍氏祠祭的特殊性

祭祖是徽州宗族的一项重要的礼仪活动，最重大的祭祖活动为祠祭。祠祭是在祠堂内进行的祭祀活动，同宗或同族人聚在一起进行，礼仪要求非常严格，为报本之礼，一般由族长或宗子主祭。祭祀分族祭和房祭。族祭由族长主持，族长由族中年长辈高、儿孙众多、德高望重的人担当。要求参祭人员必须整衣肃冠，严格遵循祠规。整个祠祭活动过程有严格的程式，其中由礼生读祭文，其祭文写作也是有其一套固定的格式。祭文第一部分为祭祀时间，第二部分为祭祀对象，第三部分为祝祠。房祭由各房头房长担任主祭，除主祭人不同外，其他与祠祭的程式略同。

棠樾鲍氏的祠祭仪式是鲍象贤在明代隆庆年间制定的，当时是在西畴书院进行，分正月元旦、元宵祭和春秋两祭共四次。棠樾鲍氏的祠祭仪式有它的特殊性。正月元旦和元宵的祭祀，在祭祀后要分发胙肉给族内子孙。春、秋两祭是为崇祀八世祖登仕郎庆云公而定，庆云公诞辰日是农历二月十五，所以春祭定为这一日；秋祭定在八月十五中秋节。《重编歙邑棠樾鲍氏三族宗谱》记载了明隆庆年间祠祭的全过程。

棠樾西畴书院仪礼（正月元旦和元宵祭祀）

一、元旦黎明，守祠人燃香、点烛、启门。辰刻，管年者令守祠人聚，鼓乐鸣锣三次，派下子孙在家者，俱各盛服，鼓乐前导至祠前聚齐。祠内击鼓三通，众入门升阶。赞礼人先入立于东阶上，唱："序立鞠躬，伏兴四拜，平身"，焚楮钱，礼毕。赞礼人降就位，四拜。族众东西于堂上，未冠者虽分尊卑，亦同列于阶下，相向二拜，拱揖而退，锁外栅门。至晚守祠人燃香，拴锁内外门如初。

二、初二日早，管年者令祠人启门、燃香，候南极观道士至，引入中堂，行四拜礼。礼毕送至该管年家，照旧规祇应。

三、初二日早饭后，命守祠人鸣锣。凡诞子、新娶子弟各具香楮，邀众诣书院会叙。展拜毕照旧规，定银书单，俱限初五日前送书院交收。迟违一日者罚银三分。众推子弟中能干者四人买办酒肴、灯烛以备送灯庆赏等用。除支用外，剩银限正月二十日事完即登簿，付管年者收查。

四、十三日下午，管事子弟会同管年者，将所办酒肴等物陈设祠内，令守祠人鸣锣至黄昏。各接灯子弟具香楮聚于祠中，听候唱名，行四拜礼，读祝，焚楮钱。礼毕分列两旁，照旧规秉公拈阄，跪领酒果。次第由中门鼓乐导送各家。不许搀越紊次。本年内有续娶接灯者不必拈阄，俟正灯毕，依名分序齿先后，一同鼓乐导送其各家，迎送相待，丰俭随宜。撑灯鸣鼓乐人等照旧规给发。

五、书院门内俱不许放火铳、爆烛、烟花，违者罚银一钱。

六、各家打锣撑灯人等俱列于两廊，不许上堂喧嚷。

七、十三、十五、十七俱照旧规赏灯，各依名分列坐，毋得紊乱争嚷，未冠者不许入座。

八、接灯子弟照旧供奉酒菜，不到者罚银三分。

九、十四、十六好事者各自备酒肴赏灯。

十、该年管事者分班每夜照点灯烛，各分子弟俱要相助，不许推调坐视。

十一、管年者先于初五会众议，办花灯油烛。该收买者遣人收买，该修整者令人修整。收支银两先记草账，候二十日付众查算登录。

十二、派下子孙因事至书院俱于中祠总行揖礼。

十三、管事十二名各分轮流，推其能者代之，名不许易。

十四、赏灯毋许猜拳执骰喧嚷欢呼。

祭礼（春秋两祭）

一、二月十五日，乃登仕公诞辰，故每年二祭；春以二月十五日；秋以八月十五日举行。管年者先期会众，定买猪羊，五日前买办祭品，免临期迟误。

二、先期五日佥配礼生，大约以立主次论，各分人数多寡，依后开各分。临期推举衣冠整肃、礼度优闲者，开名送书院填注。历年既久，自然溥遍均平。

三、每祭正献一人，东祠分献一人，每分轮推；西祠分献一人，俱宣忠堂。通赞执事约三十余人，斯文约十余人。二十里之内无大故而不至者罚银五分公用。其省牲监宰陈设监造等大约十二三人，俱配本年管事者。

四、祭前三日将正献、分献、礼生人名书列粉牌，悬挂祠门俾各知所司，并将规条内紧要者摘写揭示，使众通知遵守。

五、先期一日下午，俱至书院习礼。执事一人俱盛服，具鼓乐引礼，引正献诣省牲等。监造陈设，督同厨役人等依式整理祭品，务要丰洁毋得苟且应事。

六、祭之日，五鼓，执事依图陈设（见陈设总图），聚鼓乐昧爽，鼓初严，同至祀所，鼓再严，各具服，鼓三严，各供其事。三鼓已毕，助祭后至者免入班，不许领胙，执事人等后至者另议罚。

七、序立各依世次为班，不许紊乱。

八、年高不能拜伏者，立于西序监礼。年幼未冠者，立于西阶观礼。

九、助祭人等俱要青衣整肃，冠履鲜明。衰衣素服不许与祭。

十、遇二祭，派下子孙有愿请烛者，先期告于陈设，至期，以烛易之，注名于簿。诞子之日，分为三等：一等出银一两；二等出银六钱；三等出银三钱，送祠置办祭品。

十一、当祭不许妇婢抱领婴孩入祠，以防污秽。

十二、书院会叙乃礼义相先之地，当祭乃祖考陟降之时，各派子孙俱要肃恭致敬，不许喧哗忿争，不许讪言嬉笑。助祭人等违者罚银三分，执事人等违者罚银五分，送祠公用。

十三、元旦元宵春秋二祭，但遇洞开中门，各派子孙出入不许由中道。

十四、祭毕，管分胙者俟众既退，将胙肉照规称足收票领给，事毕填注于录以备查考。

十五、书院中，除晒膳营租利、置办祭器等项，不许借与人作他用。

十六、书院中不许住宿贵客，不许僧道张挂祈祷、演戏还愿，违者罚银一钱。亦不许倡优杂剧等人饮酒列席，款待脚夫，违者罚银二钱。

十七、派下子孙发身庠校、登科及第、享年诞子，族众举贺、饯行称觞、搬戏者，斯皆足以光耀宗祠，听众于书院内举行，不在禁限。

十八、书院中或有士夫嘉宾燕集，投壶局戏者不禁。此外但有派下子孙三五成群邀率在内，围棋双陆、铺牌斗叶、蹴球习武、赌博秽污者，每事罚钱一钱。

十九、书院中除讲读乡约、举行冠礼、会文习仪外，但非族众公举一应嬉戏等事，俱在所禁。临事会众量轻重议罚。

二十、祭品（略）每祭约用银五两。

二十一、祭礼仪节（略）。

以上明代的祠祭仪礼程式一直被沿用。虽然随着各支族建造支祠，特别是嘉庆初年鲍志道一家大盐商建造世孝祠、女祠等，各祠的祠祭对象、时间、条件有所变动，但主要的仪礼程式还是一直被沿用，只是由于盐商捐助的祠产多而更加铺张豪华而已。抗日战争时期，这几座祠堂曾借用为"南京钟英中学"的校舍，但每逢祠祭日，学校还必须放假让出场地。

2006年，徽州祠祭被列入安徽省首批非物质文化遗产民俗类项目（黄山市祁门县、黟县两县上报），棠樾村明代保存下来的祠祭是其中重要的组成部分。2003年10月通过的《保护非物质文化遗产国际公约》指出，非物质文化遗产应涵盖五个方面的项目：（1）口头传说和表述，包括作为非物质文化遗产媒介的语言；（2）表演艺术；（3）社会风俗、礼仪、节庆；（4）有关自然界、宇宙的知识和实践；（5）传统的手工艺技能。《公约》还指出，非物质文化遗产概念中的非物质性的含义，是与满足人们物质生活基本需求的物质生产相对而言的，是指以满足人们的精神生活需求为目的的精神生产这层含义上的非物质性。所谓非物质性，并不是与物质绝缘，而是指其偏重于以非物质形态存在的精神领域的创造活动及其结晶。由于这些世代相传、长期创造于劳动大众之中、反映群众生产生活状态和思维方式的民族民间文化，就是我们要保护的非物质文化遗产。这些遗产的表现方式虽然是有形的，但通过有形的载体所传承给后人的智慧与精神、知识与创造却是无形的。这些遗产虽然年代久远，却与人们休戚相关、一脉相承。正如文化部原部长孙家正在"非遗"展览开幕式上所说的

那样：当历史的尘埃落定，一切归于沉寂之时，唯有文化以物质的和非物质的形态留存下来，它不仅是一个民族自己认定的历史凭证，也是这个民族得以延续，并满怀自信走向未来的根基与力量之源。棠樾的鲍氏祠祭作为安徽省"非遗"的项目，应由旅游部门根据它的特点，与文化部门和鲍氏宗亲会合作，依托棠樾的祠堂、牌坊群、古民居群等旅游文化平台，加大开发利用的力度和政策扶持强度，进行整体包装推介，为发展棠樾文化旅游注入新的生机和活力。

第五章　慈孝传家、鸿儒名宦的棠樾鲍氏家族

一、慈孝两全、御笔题赞是棠樾鲍氏立族要素

慈孝两全、御笔题赞，是棠樾鲍氏成为名宗望族的要素。"孝"文化是儒家伦理思想的核心内容之一，是中华文化的一个重要组成部分。什么是"孝"呢？《论语》："孝弟也者，其为仁之本欤？"《论语》又说："孟懿子问孝，子曰：'无违'。"《就业·道术》解释为"子爱利亲谓之孝"。通俗地说，"孝"就是爱戴并顺从父母并延伸至长辈。而"慈"就是父母对子女的慈祥和爱护，进一步引申为长辈对幼辈、师长对弟子、上级对下级、君王对臣民的温情和怜爱。在中华民族的传统文化中，慈孝具有双重性，它既表现中华民族敬老爱幼的传统美德，又被帝王统治者所利用，作为统治愚弄人民的工具之一。封建帝王"以孝治天下"，把孝道孝行作为立身教民之本、建国治邦之基，不断地褒奖孝子，宣传弘扬其事迹，由此形成了人们学习楷模的"二十四孝"。儒家经典中有《孝经》，这是士子读书入仕的必修书之一。徽州是南宋理学大师朱熹的祖籍地，朱熹曾著有《孝经刊误》，以宣传"孝、悌、忠、信"的封建道德规范，来达到"明人伦"的目的。康熙称他"绪千百年绝学之传，立亿万世一定之规"，所以徽州对儒家"孝"文化的弘扬宣传更是不遗余力，大量的实物遗存就是明证。千百年来，忠孝传家是徽州名门望族的主要信条。棠樾鲍氏家族是当时的望族，张扬着"孝悌"，严格奉行礼教。自宋朝以来，忠臣、孝子、节妇在家族中层出不穷。棠樾鲍氏孝子特别多，可以这样说，鲍氏家族是靠"孝"繁衍壮大起来的，这思想也一直贯穿在鲍氏一切宗族活动中。

棠樾鲍氏慈孝事迹很多，四世祖鲍居仁将母亲鲍江氏的坟墓安葬在蜀源的鹤林地，为了与母亲朝夕依恋而把家迁到蜀源，以终其身。这是鲍氏最早的一位孝子事迹。

慈孝事迹中最著名的是鲍宗岩鲍寿孙父子争死的故事。鲍氏八世祖鲍宗岩，南宋末处士，字傅叔，号熙堂，自幼读书，长涉世故，博通经史，以修身行义为先。子寿孙，字子寿，号云松，从小就聪明智慧，南宋咸淳丁卯（1267）年十八岁时，考中江东漕解第一名。他先后任杭州许村盐场管勾、徽州及宝庆州两路儒学教授等职。宋末元初改朝换代之际，战争纷乱。徽州府城守将李世达叛乱，派他的马仔们四处搜刮钱财。棠樾鲍宗岩和其他村子里的村民被叛军抓住了，绑在村后龙山的松树上。叛军勒索钱财见没人搭理他们，一把利刀逼近了鲍宗岩的喉咙。就在此时，草堆里突然跳出一人，哭喊着刀下留人。这人是鲍宗岩的儿子寿孙。在鲍宗岩被抓住的时候，他的儿子躲到了山上的草丛里，看着父亲被抓，他心急如焚，可是也没办法，他一无利器，二无蛮力。当叛军想杀害他父亲时，他冲出草丛，苦求叛军杀了自己，放过他的父亲。叛军的利刀转向了鲍宗岩的儿子，却引来了鲍宗岩的大声痛哭，他求叛军杀了自己，放过自己的儿子，以求能延续后代。在鲍宗岩和他的儿子痛哭声中，叛军突然想起了自己的双亲和子女，他们决定放掉鲍氏父子。父子争死，以求他生，连乱军也不忍下刀。

父子争死还有一说，程文著《慈孝堂记》记载，南宋末年，当地守军叛乱，贼寇将躲避在山谷间的鲍宗岩抓了起来，捆在村后龙山上的松树上将杀之，其子寿孙愿代父死。而鲍宗岩说，"吾老矣，仅一子奉祀，岂可杀之，吾愿自死"。贼寇被父子争死的举动惊讶，正考虑是一并杀害还是一并释放的生死关头，忽然狂风大作，声震林谷，仿佛追兵从天而降，贼寇大乱，只好丢弃鲍氏父子惊慌而逃。贼寇无所得，将棠樾村焚毁而去，事后只有鲍家的房屋保存下来。乡人惊叹，鲍氏父子争死举动，感天动地，因而得到上天的报应。此种说法带有神奇的色彩，不排除儒学家们对"慈孝"事迹的文学加工。鲍宗岩鲍寿孙父子争死的事迹被载入宋史。从此，称棠樾鲍氏为"慈孝鲍氏"。70余年后的元代至正年间，鲍宗岩的孙子鲍元康将自己的堂名改为"慈孝堂"，并请黟南程文作文以记之，让子孙后代不忘祖宗的美德。棠樾将此房所处的巷子命名为"慈孝巷"。

到了明永乐年间，这个父子争死的慈孝事迹报告给明成祖朱棣，朱棣御笔题赞诗，曰：

父遭盗缚迫凶危，生死存亡在一时。

有子诣前求代死，此身遐保百年期。

救父由来孝义深，顿令强暴肯回心。

鲍家父子全仁孝，留取声名照古今。

永乐十八年五月十五日制

　　朱棣没有按照父亲朱元璋的意愿办事，夺了本是侄子朱允炆坐的皇帝位子，实为大不慈大不孝，他为鲍氏父子慈孝事迹题诗是出于政治目的。明成祖倡导慈孝，是在行不义事后的收复人心，使天下百姓心服口服。这也是"慈孝"被帝王作为统治愚弄人民的工具之一的明证。

　　明代弘治皇帝为了旌表鲍氏慈孝，遂赐建"孝慈坊"。能够"钦命"为棠樾修建慈孝牌坊，确实也算是对鲍氏家族的最高的褒奖，鲍氏的荣耀由此开始。清代，乾隆皇帝下江南见到棠樾盐商鲍志道，更是御笔题写了"慈孝天下无双里，锦绣江南第一乡"的对联，为棠樾村锦上添花。鲍志道借此在龙山上重修了御碑亭，供奉乾隆皇帝和永乐皇帝的御笔；又在龙山上重修了慈孝堂，供奉着鲍宗岩鲍寿孙父子争死慈孝的事迹；还建造世孝祠，来供奉鲍氏历代孝子，把棠樾鲍氏慈孝传家的美德发扬到极致。

　　棠樾世孝祠中供奉的孝子鲍灿，是鲍氏家族的另一个著名的孝行故事。鲍灿是明成化年间的一位儒生，信奉孝道。他在河南经商时，每逢节日，都把好吃的食品大部分寄回家给父母吃，只留少部分自己吃，如果寄的食品没有寄到家，自己绝不先吃。他能写一手好诗，逢到父母生日，就写诗怀念双亲。寄食品给父母，写诗怀念父母，大部分人可能都做得到，而为亲人吮吸毒疮，大部分人就可能做不到了，鲍灿做到了。有一年，他七十多的老母亲两脚生了毒疮，他日夜守候在母亲的病床前，想尽了办法，用遍了百药，也没使他母亲的病有所好转，看着母亲被毒疮折磨得死去活来，他非常焦急。为了减轻母亲的病痛，他用口去吮吸长毒疮的伤口，过了不久，他母亲脚上的毒疮竟奇迹般地痊愈了。此事在村里传开了，人们都为他的孝心所折服，于是文人们纷纷写诗、文赞颂他。鲍灿饱读诗书却不思仕途，去世后因为孙子鲍象贤官至兵部右侍郎，荣封三代，获赠了一顶"兵部右侍郎"的头衔。

　　棠樾世孝祠中供奉的鲍叙廉，是鲍氏家族的另一著名的孝子。鲍叙廉的父亲眼睛生有目瘿导致失明，医治不愈，他就学鲍灿的做法，用嘴吮吸父亲的病眼，脓去而瘿愈。他父亲还患有痿痹，手足行动不便，鲍叙廉四年如一日，独自照顾父亲的饮食起居。这期间，父亲三次病危，他三次割股疗亲。父亲去世时，他在堂屋中哭泣不歇，泪珠结出奇葩，香味胜过兰花，颜色雪白，像白莲花。谭性教的《题鲍孝子异葩图》诗曰："割股疗

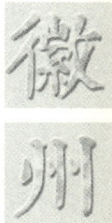

亲三沥血，瘢痕错绣如花缬，此葩无乃精诚结，三槐可稿，三花可折，孝子之名不可灭。"

鲍逢昌万里寻父、割股疗亲等孝举是鲍氏家族的又一个孝行事迹。明末天下大乱，鲍逢昌的父亲只身在外，久无音信。顺治三年（1646），十三岁的逢昌下定决心，万里寻父。他不顾千难万险，沿途乞讨，费时三年，才在甘肃省雁门古寺中找到了生病的父亲。他为父亲的背疽吮脓疗疮，从而扶持父亲回到家来。一进门又见母亲病危在床，医生说只有浙江富春山有一种真乳香，可治好母亲的病。他又不顾疲惫的身体，兼程奔赴富春山，攀悬崖，钻荆莽，挖到了乳香，给母亲佐药。果然很灵，母亲服后病愈，族人都说这是"天鉴精诚""孝愈其亲"！"孝"被神化得具有惊天动地、起死回生的作用。

"孝"是维系社会的最小单位——家庭的基本纽带，对待父母要真心爱敬。孝道的另一引申义，就是要尊老敬贤，一个社会只有这样，老者有所养，贤者有所尊，这个社会才能文明进步，这也是我们今天要提倡的。封建统治者提倡"孝道"，把它绝对化，甚至在一些时期"孝子"是仕进的一种途径，是为他们的封建统治服务和利用的。如西汉汉惠帝时设"孝悌力田"作为选拔官吏的科目之一，奖励有孝悌德行和能努力耕作的人，中选者经常受到赏赐，并免除一切徭役；汉文帝时"孝廉"与"三老"同为掌管教化的乡官；东汉时能被举为"孝廉"则是进入仕途的必经之路，"孝廉与贤良由各郡国中荐举，被任为郎，尤为仕进者必由之路"；进入隋朝，隋炀帝感到选拔人才靠荐举有诸多弊病，于大业二年（606）始立进士科取士。科举制度始于隋朝，盛行于唐及明清，延续1300多年。但在这期间举"孝廉"进入仕途并未完全断绝，如清代设孝廉方正科，雍正六年（1723）举孝廉方正的，赐六品服备用；后遇皇帝即位即荐举一次，乾隆五年（1740）定荐举后，赴礼部验看考试，授知县等官。"孝"成为人们沽名求仕的一条捷径。

二、业儒卫道是棠樾鲍氏的立族基础

古徽州山高路险，交通十分不便，成了中原名门望族躲避战乱的理想之地。但这些名门望族，避难并不避世，他们不甘心彻底退出社会政治舞台，总想伺机而出，即使自己没有机会，也寄希望于后代，总想通过"儒"而"仕"。因此，他们十分注重族中后辈的教育，形成了文风昌盛、人才辈出的局面。唐宋以降，特别是南宋"靖康南渡"后，徽州人崇儒重教喜文雅的风气渐致浓盛。对此，南宋歙县人罗愿曾说，"黄巢之乱，中原衣冠，避地保于此，后或去或留，俗益尚文雅，宋兴则名臣辈出"。另外，元代休宁学者赵东山亦记述："新安自南迁后，人物之多，文学之盛，称于天下。当其时，自井邑、田野以至远山深谷，居民之处，莫不有学、有师、有书史之藏。……故四方谓'东南邹鲁'。"

选官用人乃国家大事，为了保证人才选拔，在我国漫长的封建社会，历代统治者为巩固自己的统治地位，都十分重视培养和选拔人才。国家一方面大力发展教育，另一方面不断探索、逐步建立了一套考试与选官制度，其中最为重要的是科举制度的创立与完善。科举制度有利也有弊。利在于开放考试，吸收了不少寒士进入政权，有益于扩大和巩固封建统治的政治基础，改变了封建社会前期豪门士族把持朝政的局面；广大庶族地主通过科举入仕做官，给封建政权注入了生机与活力；选拔官吏从此有了文化知识水平的客观依据，有利于形成高素质的文官队伍；读书、考试、做官三者联系，把权、位与学识结合起来，营造了中华民族尊师重教的传统和勤奋读书的氛围；促进了文学的繁荣。弊在于明清实行八股取士，从内容到形式严重束缚了知识分子的思想；八股取士所带来的脱离实际的学风，严重阻碍了科学文化的发展，是导致近代中国自然科学落后的重要原因之一。总的来说中国的科举制度还是利大于弊，许多学者认为现代西方文官制度的建立和发展是受到了中国科举制的影响，中国的科举制度对世界文明的进步都有所贡献。"学而优则仕"的目标确实刺激了更多普通人去读书求学。与18世纪之前的其他国家相比，中国人的识字率是最高的，教育事业也是最发达的。从南宋以来儒家思想在中国社会的最终确立，一直到明清时期，朱熹做注的《四书》和《五经》成为开科取士的唯一标准，儒家思想在中国社会占统治地位。业儒成为中国的教育的代名词。

业儒卫道是棠樾鲍氏成为名宗望族的另一重要因素。一千年前，棠樾的始祖鲍荣就是文学出身。据《新安名族志》记载：北宋时文学鲍荣开设书园于棠樾，书园相当于后来的书院，是教书的场所。鲍荣的孙子鲍玠，是明经教授；曾孙鲍居美，是南宋的文学，都是以儒学为业。宋元两代棠樾鲍氏子孙由学入仕籍的就有多人：鲍元为都尉；鲍宗岩为"提幹"；鲍寿孙考中咸淳丁卯科漕解第一，先后任徽州、宝庆两路的教授；鲍周卿，为歙县教谕；鲍伏为河南教谕等，其中大部分是儒学教育方面的官员。

鲍氏的祖先不但业儒，而且是卫道的义士，主要的事迹是元末为朱文公庙赎回祀田以及为邻村的"师山学派"的创始人郑玉赎回性命。

宋代孝子鲍寿孙的次子鲍鲁卿（1281—1359），字景曾，出生时就先

天孱弱，到了九岁才能走路，但是在智力方面却颖悟过人，酷爱读书，手不释卷。他除了精通儒学外，还是大儒朱熹的卫道士。宋时朱熹文公庙在婺源有祭田百亩，后被族人盗卖。元代朝廷替朱熹立徽国文公庙，朱熹后裔为祀田的事打官司，数年不能解决。鲍鲁卿就想用自己的私田来用作祀田，因故无力完成。临终前他对儿子鲍元康说，将来一定要把朱文公的祀田赎回，复归文公庙。鲍鲁卿的儿子鲍元康（1309—1352），字仲安，自少时就好问读书，年长除却儒学经典之外，对诸子百家、孙子兵法、山经地志、岐黄医书、延年益寿的学术无不研究。元康对社会救济慈善事业也是尽全力而为的。在元末时期，赋税繁重，一般汉族人民生活非常艰难。鲍元康把每年的地租收入分为十份：三份作为日常开支；三份供赋税（可见当时赋税的繁重到了这样高的比例）；两份积蓄，作灾年备荒之用；一份专用于赈济本族宗亲和乡里的贫苦人；一份用于亲友的救急之用。有个休宁县的税务官员，因为税课的亏空，两个女儿被卖为官妓，元康百方设法，为她们赎身为良。鲍元康感到个人的力量在元末的社会救济中只是杯水车薪，于是号召鲍氏三族的力量，设立义仓，家族中和乡里贫苦人在社仓中借粮，不收利息。历经多年苦心经营，积累了一定的财富。他牢记父亲的嘱咐，将自己的私田和生长木材的山卖了中统钞15000余缗，赎回朱熹家乡的祭田复归文公庙。鲍鲁卿、鲍元康父子被誉为大儒朱熹的卫道功臣。元至正壬辰年（1352），邻村的大儒郑玉被红巾军绑架，鲍元康和侄子鲍深出重资赎出。

元代棠樾有鲍同仁，考中元泰定国书第一，即蒙古释褐状元，这是鲍家科举制度考取的最高功名，原在棠樾祖墓北为他立有状元坊。他官任翰林学士，授全州学正，所至皆有治绩。至正九年（1349）受勅封父母后，他回到棠樾筑室娱亲。元朝授他为会昌州同知，他坚辞不赴任，留下诗一首，表露出从宦海引退的心态：

> 每欲休官归去难，如今解印得身闲，
> 青云有分且宜退，绿鬓无多今已斑。
> 练带溪山追旧赏，杉杨风月沿相扳，
> 明朝度岭休嫌热，便买扁舟载月还。

鲍同仁儿子鲍深（1313—1383）自少好读书。元末乱时，他将祖上的手泽遗书移到南墅耕读堂中，后又避乱进入灵山芳坞，为棠樾鲍氏保存了许多宗族文献，记录正史中遗漏的忠孝义事迹，时局平静时编纂成《投锄录》；另有诗文集《芳坞樵隐集》，记录下元末明初当地的一些史迹。他三十岁时从郑玉游学，和元末的徽州名流朱升、赵东山、唐仲实都是儒学友人。前面提到过的元末乱世时他和鲍元康一起出巨资从红巾军手中救赎郑玉。

郑玉为郑村人，字子美，号师山。郑玉自幼敏悟嗜学，十分喜好《六经》。他曾师事陆九渊的高足杨简的三传弟子吴暾、夏溥等，精心探索陆氏心学；继而又接受程朱理学思想，终以调和朱、陆两派之争，认为朱、陆两家学说各有长短，逐步将两派思想融汇为一，确立了自己调和宋陆的思想体系。郑玉终生不求仕进、以授徒讲学为业。他的门人弟子众多，"所居至不能容"，其学盛极一时，形成"师山学派"。棠樾村与郑村相距咫尺，师从郑玉的有鲍元康、鲍深、鲍观、鲍葆、鲍颖等。龙凤四年（1358），朱元璋攻下徽州府，有人罗织罪名陷害郑玉，鲍深听说后，一方面让郑玉出逃，另一方面让自己的儿子代其入狱。郑玉知道后，于心不忍，挺身而出。在守将要处死他时，郑玉穿戴整齐，自缢而死。鲍深后创建以郑玉的号命名的师山书院，任师山书院山长，是"师山学派"的主要传承人之一。明朝建立后，为郑玉正名卫道的是"师山学派"的另一传承人棠樾的鲍颖。

鲍颖（尚迥）少年时就好学，博读古今，被认为是明礼达用之才。他年轻时师从婺源名儒张子经、胡孟成和邻村的郑师山、郑彦昭学习儒学，与朱升、唐仲实相从过密。后经朱升、唐仲实的举荐，明洪武建元初始，他以英才俊逸、任事明断，被有司看中，入尚宾馆编史。这时他将邻村师长大儒郑玉的事迹编入先贤录，并题诗一首，作为师山先生的生平写照：

> 苍崖百尺与云齐，征士重来为品题。
> 姓字一时通汉史，文章千载并洺溪。
> 春深莫遣莓苔没，日暖应添紫翠迷。
> 犹忆匡庐当日事，短檠山雨五更鸡。

三、名宦位重是棠樾鲍氏进入盐商行列的阶梯

随着中国科举制度的创立与完善，越来越多的徽州人依托发达的教育系统走入科举取士这条道路，得以跻身为官光宗耀祖。当时古徽州人口规模只有数十五至一百多万，但科举之盛况却是惊人的。根据历代《徽州府志》、各县县志记载，徽州历代共考取了 2081 名文科进士，约占全国文科进士的五十分之一。其中歙县明清两代共取进士 623 人，居安徽省诸县首

位。明清时期棠樾鲍氏家族中男丁不过两百人，考中进士、举人的就有鲍象贤、鲍楠、鲍献书、鲍献旌、鲍孟英、鲍勋茂、鲍继梧、鲍达夫、鲍绍庭、鲍荐臣、鲍鸿、鲍惠人等十几人，科举入仕的比例高得惊人。其他因举荐、恩封、捐输为官的也很多，鲍颖就是在明朝立国之际被朱升、唐仲实举荐为官的。

鲍颖入尚宾馆编史，任上写下"洪武改元正月初四日皇上即位南郊礼毕还宫，群臣上寿，臣颖亲逢盛典，敬赋此以纪万一"诗一首：

> 法驾南郊曙气清，从官车骑拥霓旌。
> 异香载道随雕辇，瑞雪凝华炫玉京。
> 四海车书尊正统，九天风露静无声。
> 臣邻愿祝南山寿，玉帛交驰日月明。

明朝建立后，鲍颖又授博典签事，历年又升翰林修撰同知制诰、兼国史院编修，鲍颖在仕途上的平步青云招来了同官僚的妒忌。尚书张复初排斥异己，借故将他迁为陕西耀州同知。当时耀州兵乱初定，大旱连年，饥馑遍地，满目疮痍，民不聊生。鲍颖受命后，面对棘手的州治，不免忧心忡忡。同僚好友赵东山、詹同文都赶来送行。临别赋诗为好友壮行，詹同文送别的诗是：

> 恩书新下九重天，彩笔谁能述此篇！
> 叹我玉堂生别恨，喜君绿发正青年。
> 坝桥风暖千株柳，华岳云生千丈莲。
> 遥想西安多暇日，新诗还寄凤台边。

鲍颖到了陕西耀州后，迎接他的是嗷嗷待食的灾民。他撂下行装，稍事安顿家小，立即引着郡灾民到孟津去领粟。他本着"利民者必兴，害民者必除"的宗旨，做了许多好事，得到了百姓的爱戴。那时当地有一个张氏伪官，结党害民。他毅然统率弓兵，一举擒获贼寇，得到省右丞耿公大加赞赏，其他还有许多德政，得到当时名士王讳（子充）撰文刻碑颂扬。洪武四年（1371）秋，鲍颖奉诣到南京述职，受到皇帝赐宴光禄寺，恩荣无比，全朝都钦羡不已。就在这时，西安府的官僚经历常达因事入监。常达本性奸猾，与鲍颖平时不和，遂乘机诬指陷害。鲍颖有冤不得申，死于狱中。临终前他心绪不乱，作遗书付给儿子宅相，叮咛告诫事之本末，让自己的后代知道事情的原委，以期还自己的清白。

鲍颖的继妻宋玉怀在从叔鲍南季的协助下，将丈夫的棺木从南京运回

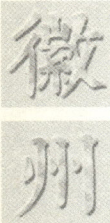

家乡安葬。回到棠樾，往日荣华富贵的翰林府，今日变得萧索沉寂。"堂上舅姑悲暮日，眼中儿女仰春晖"，宋氏强忍住心头的痛苦，侍奉年迈的公婆，博取公婆的宽心，经过了二三十年的艰辛，将孤子宅相养育成人。她对亡夫忠贞不渝，坚持纯真的母道和崇高的孝行，完成了守节、事姑、养育孤子、延祀守业等大任，得到朱洪武恩诏旌表，也是为丈夫平反昭雪，赢得乡党宗族和后人的敬仰。

明初洪武朝的官是难做的，朱元璋借口凉国公蓝玉、宰相胡惟庸谋反，株连杀戮功臣宿将四万人。后来又有所谓"空印"案，将全国各地、各级政府部门的正印官1300多人，不论良莠好坏，全部处死。从鲍颖的遭遇中可见洪武朝株连造成冤狱的一斑。更为可怕的是，这种恐怖的氛围，终明一朝几乎是绵绵不绝，这种无节制地株连杀戮直至明朝亡国。所以明后期的官仍然不好做，嘉靖年间棠樾的鲍象贤的遭遇便是如此。

棠樾鲍氏官衔最高的是鲍象贤，也就是后人尊称的尚书公。鲍象贤，字复之，号思庵，棠樾鲍氏宣忠堂支派之祖。他是嘉靖八年（1529）的进士，曾远戍边防，备兵云南，统辖陕西、两广等七省十二任：

（1）四川道时监察御使。

（2）湖广按察司兵备金事，任上保长江商旅安全，加强江防，盗贼屏息。

（3）戊戌年（1598）云南按察司兵备副使，讨伐安南（现在的越南），并安抚边民。

（4）陕西按察司兵备副使。

（5）山东布政司左参政。

（6）山东按察司廉使。

（7）江西布政使司右布政。

（8）陕西布政使司左布政。

（9）陕西巡抚右副都御使。

（10）云南巡抚右副都御使。

（11）任命为刑部右侍郎，赴任途中改任。

（12）两广军务兼理巡抚兵部右侍郎，当时，岭南海上少数民族獞、猺等塞路造反，头子徐铨等勾结倭寇，纵横南海。鲍象贤命令副使汪柏等出击，斩首1600余级，徐铨等被杀，南海安宁。

鲍象贤死后，赠工部尚书。他戎马一生，功勋卓著，史称嘉靖朝"中兴辅佐"，《明史》有传。

鲍象贤一生南征北战，边境赖以安定，当地老百姓感其恩德，建生祠

微州

颂扬他的功绩。鲍象贤秉性亢直，鄙视权贵，多次遭到奸臣的谗言中伤，一度罢官回归故里棠樾，赋闲了四年。后来朝迁又起而复用，他仍然清廉自持，不计个人荣辱得失，常常用"官不择位"的箴言来勉励自己，一如既往地效忠社稷。就是这样，他还是落得个"用而旋废""功大赏薄"的下场。隆庆元年（1537），朝廷用"压兵不得有所著见"的理由，让他戴着"兵部右侍郎"的官衔，告老回到棠樾故里。

明工部尚书鲍象贤

鲍象贤的遭遇，深为同朝事君的歙县籍同乡许国（就是县城八脚牌坊的坊主）等朝廷重臣愤愤不平，他们悲痛而又惋惜地说道，"嘉靖中故老称天下者，吾郡则思庵鲍公（象贤）"；"释褐登朝，直声凌厉，周历外藩，屡著勋伐，功大赏薄，天道不容"。由于众臣的据理力争，隆庆二年（1538）鲍象贤死后，才追封为"工部尚书"。《特赠工部尚书鲍象贤诰命》的全句是："官联台斗，崇衔既晋于朝堂；命涣丝纶，新宠永光于泉壤。"意思是说，你的官位与三台、北斗星并联，崇高的头衔已进入朝廷的庙堂；你一生的功勋倾注在诏书丝纶上，皇帝新的恩宠让你在黄土九泉之下享受永久的荣光。真是千秋功罪，自有公论。

万历十一年（1583），由其孙子鲍献旌按国葬仪式建墓，将他安葬在歙城古关莲花冲。又过了三十九年即天启二年（1622）才建牌坊旌表，这就是枋额下栏刻的"赠工部尚书鲍象贤"的来历。鲍象贤生前荣封三代，他的祖父鲍灿和父亲鲍光祖都诰赠兵部右侍郎；死后，他的孙子献旌受荫封入国子监，曾孙鲍孟英候选开封府通判。总之，皇帝的恩荣还是光披尚书的子孙。

鲍象贤的孙子，十八世鲍献旌，字公宣，号郁林，从小喜爱读书，因为祖父的军功，被授为太仆簿，后升为光禄丞，又晋升江西省抚州通判，多惠政。死后因为儿子孟英加赠朝议大夫山东都转运盐使司同知。

十九世鲍孟英，由于曾祖鲍象贤的军功，候选开封府通判，后升迁惠州府同知。清屯田，清出无赋田 25000 余亩，每年为官府增加税收银 32000 余两，后迁山东莱州海防兼山东盐运使。

徽州的大家族是在明代形成的世族。明朝中后期，由于朝廷对士大夫阶层的免税照顾，造成江南土地兼并激烈，形成了一批大官僚地主家族。失地农民无奈，只好投靠大家族为奴，乡绅官宦人家因此大量蓄奴，造成了一批历史悠久、人口庞大的世族。这些家族在当地根深蒂固，而且还通过联姻等手段形成官宦集团。棠樾鲍氏也不例外，如明代南京户部右侍郎程嗣功（槐塘人）的长子程道充娶鲍象贤孙女鲍献瑞为妻；鲍象贤的曾孙鲍孟英娶程道充的侄女为妻；少保兼太子太保兼礼部尚书武英殿大学士许国的儿子许立德娶鲍象贤重孙女鲍靖庄为妻。棠樾鲍氏在明后期已经成为名宦位重、权势赫赫的家族。

到了清初，由于江南世族的土地垄断程度过高，以至于影响了清初朝廷的税收和漕米，结果清廷通过"奏销案""科场案""通海案"等一系列大案，严厉追缴这些世族家庭的积欠，造成江南世族大部分破产，暂时没有破产的也早已失去了昔日的辉煌，但庞大的家族人口尚在，处于一种入不敷出、气息奄奄的状态。徽商是"以商从文，以文入仕，以仕求官，以官保商"的儒贾，棠樾鲍氏家族的人有文化优势，又在官场有许多人脉。在这种时期弃儒从商，以此为阶梯进入官商，主要是盐商行业，从而又重新走向辉煌。

第六章 经商业盐、富埒王侯的
棠樾鲍氏家族

一、累世经营盐业的鲍氏家族

经商业盐，富埒王侯，是棠樾鲍氏成为名宗望族的重要因素。

据《重编棠樾鲍氏三族宗谱》记载：棠樾鲍氏在元末就有人担任盐官，此谱卷186载有郑师山的《有元封黟县尹鲍先生墓志铭》就讲到棠樾的鲍周，在元代至正年间曾为杭州许村盐场和清泉盐场管勾；尚书公鲍象贤的曾孙鲍孟英也曾在明代末年担任山东都转运盐使司盐官。

明代中叶以后至清乾隆末年的300余年，是徽商发展的黄金时代，而这时期徽商经营的排位第一商品就是人人都离不开的食盐。明初开始，朝廷的需要催生了徽州盐商的发展。朱元璋初定天下，征用了大量兵丁充实到边防戍守，必然需要大量的军粮。为了提高人们运送军粮的积极性，朝廷颁布了相关法令，每运送100石军粮到边境，可以到国家盐政部门换取一引食盐准销证，这就是所谓开中制。这时期棠樾鲍氏经营盐业的较早记录是运粮到云南换取浙盐盐照。

棠樾鲍氏十二世祖鲍汪如（1346—1422），字思齐，号安素，少年时好读书问学，作律诗时多有奇句，受到同人的称扬。他生长在元末战乱中，壮年时即明洪武年间，游学四方，交结士大夫，声誉更加著名。当时云南边境有战事，按明朝初年的惯例，招募商民运送军粮以供军需，换给盐照。鲍汪如筹借资费购米运到云南边境，换回盐照，拨浙江温州南场支盐。当时由于海寇侵扰，官府禁止商船在海上通行，而温州至内地的陆地运输，不仅道路艰险而且成本高昂。在众多商家束手无策的情况下，鲍汪如凭借自己的才干和胆量，奏请朝廷，使得盐船得以放行。又由于浙江温州南场的盐产量低，拖延三年才把盐照按数量付清。经过漫长的拖延后，在海上运盐的过程中，船家的偷窃情况严重。经鲍汪如告发到官府后，船户表面上答应赔偿，暗中却密谋企图把鲍汪如所乘坐的船在海上凿沉。由于鲍汪如对船工一向优厚，知情的船工就把这险情告知，使他得以脱险。事后，官府不但让船家赔付全部金额，而且要治船家谋害之罪。这时鲍汪如怕官司迁延数月，影响自己的利益，就替船家求情，使得船家被释放，船长率众船工向鲍汪如称谢，他也在商界获得好名声。鲍汪如意识到了商界的风险，在赚取一定的银子后，金盆洗手，回到棠樾侍奉母亲，以尽孝道。

还有十二世鲍原佑（1353—1432），字思铭，性格豁达，知时务，有才干。十三岁时由于父亲去世，家道艰难，他听从母亲的安排，入赘呈坎罗民善家为上门女婿。长大后他跟随岳父为官府出官差，督造海船及充当采办夫长。洪武年间和仲兄一起到浙江支盐差，经历风波患难，后弃本而归。晚年他在棠樾祖居旁买地基建屋，打算归宗，因故未成。

以上两例都是棠樾的鲍氏家族在明朝初期经营盐业的记录，而且是浙盐。徽州本地是浙盐的引岸，徽州早期的盐商一般也是从家门口的生意起步的，如明代大学士许国的家族经营的就是浙盐，这也是鲍氏业盐的早期尝试。但从中可以了解到，只要是做盐商，就一定要和官府甚至朝廷有扯不断、理还乱的关系。到了明末清初，经过"扬州十日"等屠杀，明代盐商的空缺为轻车熟路的徽州商人提供了卷土重来的机会，这时也不乏棠樾鲍氏家族的身影。如清顺治年间，就有鲍世义、鲍世忠堂兄弟迁到扬州业盐，可能规模不大，宗谱中没有更详细的记载。下例是清初鲍必迻、鲍瑶父子业盐的较详细记载。

《重编棠樾鲍氏三族宗谱》卷103记载：鲍必迻（1621—1652）字元弼，号正良，世居棠樾，从小好读书。明末避乱，他带领仆人和财产到江苏仪征弃儒就贾。刚到仪征，他住在珠市，与盐商何公对门。何公见他有文化根底，经商有方，就将女儿许配给他为妻，生有两子一女。鲍必迻三十二岁时英年早逝。长子鲍瑶（1645—1675），自幼读书，父亲去世后，协助舅舅们经营盐店生意，年轻有为，经营干练。歙县岑山渡程象陆将仪征的盐店交给他管理。他能眼观账簿，两手同时拨打两面算盘，账算得分毫不差。遇到盐业上难处理的事情，能很快作出决断。如果不是像他父亲一样英年早逝，处在徽州盐商从康熙朝初始兴盛阶段的他，有可能很快升迁到大盐商的地位。鲍瑶娶休宁隆阜戴秀公长女为妻，康熙十四年（1675）英年早逝时留下一遗腹子。戴氏在生下遗腹子后十个月由于悲夫过度去世。鲍瑶的弟弟鲍琪（1647—1686）在嫂嫂弥留之际受到抚孤之托，爱侄如子，可惜不久也早早去世。

笔者收藏的手抄本《疏文誓章稿》记载了这样一件事：康熙二十三年

（1684）二月，安徽巡抚徐国相升迁湖广总督，原在安庆开设盐店的余某随徐制台到武昌，用徐府二万两本银在汉口开设"人和"盐店。这二万两本银原本是余某与徐制台的关系密切而促成的，但手续上必须先和大盐商鲍云从签订"人和"盐店合同，并由鲍云从担保，然后才领用徐府本银。同年三月，余某转立一票，借鲍云从本银三千两，在望江城中与洪谢二宅合开"德懋"典。此典当铺康熙三十二年（1693）被余某的二儿子余钟收歇，其银虚费未还鲍家。康熙四十年（1701）九月，鲍云从之子鲍聿修同徽州盐商汤我洁、鲍永年、萧闻广等到安庆归结此账。按借券定年息一分，八年本利达六千两银子，余家是无法还清这笔债务的。余某的二儿子余锡以手执"人和"盐店与鲍云从订立的二万两合同与鲍家较论，破脸数回，几欲诉讼。最终经西溪南盐商吴章符太翁调解，念两家具属世好，且"人和"盐店二万两原账已批清为前提，将此原与盐业无关的借款作合资处理：免除八年利息二千四百两，本银再让六百两；即时还银四百两，余下二千两债务止息分五年还清，同时缴还父券，换立止利限约。这里的大盐商鲍云从、鲍聿修父子就是歙县棠樾人。康熙年间徽州盐商开始兴起时，总商制度还没有建立。但从这件事上，鲍云从、鲍聿修父子实际上已起到总商的作用。

徽州盐商从康熙初始兴盛阶段起，直到道光十年（1830）改行票法之前的100余年中，可以说是徽州盐商的极盛时代。这时在扬州的徽州盐商中，继黄、汪、吴数姓而兴者又有江、程、徐、郑、曹、宋、鲍、叶诸族，他们或为场商，或为运商，各有生财之道。场商专向灶户收购食盐卖给运商，他们利用贷本取利、压价收盐等手段盘剥灶户，有的场商还招募盐丁，自行生产，牟取厚利。运商则专事办引销盐，他们以较低的场价购买食盐，运至销盐口岸高价发卖，获利最大。当时的湖广是淮盐畅销口岸，所销之盐占淮盐的一半以上。徽州盐商凭恃其雄厚财力，把该地行盐的权利控制在自己手里，使之成为他们取之不尽的财源。

乾隆时期，清政府为了加强对盐商的控制，便于收缴课税，在盐商比较集中的地方选择家道殷实、干练精明的盐商充当盐务总商。设立盐务总商制度究竟源于何时殊难确指，据复旦大学王振忠考证后认为，至迟不晚于乾隆三十三年（1768）（王振忠《清代两淮盐商首总制度研究》，载《历史档案》1991年第一期）。盐务总商的功能主要有：第一，便利于清政府征课。第二，代表众商与官府沟通，为官府盐务法规政策的确定提供建议。第三，协调盐商内部的竞争关系。第四，承办商巡，清廷允许商人雇役缉私，商巡不是封建国家执法权的分割，而是国家执法权的加强，只是国家为了节省巡缉私盐的财政支出和弥补国家执法力量不足的手段。第五，对盐商财力消乏后抚孤恤贫，济急周穷。每年征课办引时，都以散商分隶于各总商的名下，由总商督征盐课，查禁私盐，朝廷有关盐政大计也每与总商协商。总商的这种半官半商身份，给他们带来了更多的牟利机会。他们或夹带私盐，牟取暴利；或放贷资本，盘剥散商；或以集资捐输为名，中饱私囊。所以充任总商的人，没有一个不大发横财的。清代扬州的八大总商，徽人就常占其四。乾隆时期，歙人汪应庚、汪廷璋、江春、鲍志道等都是煊赫一时的两淮总商。

二、以布衣上交天子的两淮总商鲍志道

在祖辈业盐的艰难创业、积累了丰富的经验的基础上，棠樾鲍氏家族中终于出现了登峰造极的盐商代表人物，他就是以布衣上交天子的两淮总商鲍志道。

鲍志道（1743—1801），谱名廷道，字诚一，自号肯园，棠樾鲍氏二十四世祖。他父亲鲍宜瑗长期在外经商，父亲的原先意愿是要他日后参加科举考试走做官之路。父亲虽业商但不善积财，家境并不宽裕。鲍志道9岁时，弟弟鲍廷运出生，家中生活更加艰难，连饭都吃不上，一日喝三餐粥维持生命，弟弟的乳名就叫"三祝（粥）"。于是在11岁时，志道便中断学业，走上经商之路。"前世不修，生在徽州，十三四岁，往外一丢"，这是明清时期流行于徽州地区的一句俗语，是指徽州男子到了十三四岁就要外出当学徒学做生意。对徽州人来说，出贾谋生是现实，"贾而好儒"是理想。"十三四岁"是从贾和从儒的年龄分水岭。因为至少从明代中期以来，徽州的早期教育，已不只限于四书五经等儒家经典的学习，"经世致用"之学，特别是商业启蒙教育已在明清的初级教育中占有相当大的比重。如果家中经济条件差，不可能走读书仕进之路，则把重点向商贾知识倾斜，学习《商贾便览》《日用商贾杂字》，《算法统宗》等，让子弟十三四岁从商之前经历系统化的经商教育。鲍志道比这年龄段早二年就要外出学生意，可见他家道的艰难。

由于家贫，出门时鲍志道身无分文。母亲便将志道婴儿时戴的虎头帽上那枚"康熙通宝"罗汉钱取下，给他作为吉祥物随身带上，并告诉他说："儿啊，这可是我们家仅剩的一文铜钱了。今天给了你，咱家的兴旺就要看你了啊。"志道眼含热泪，珍重地将这一文钱收在内衣夹层的口袋里，下定决心绝不让母亲失望。他想到母亲身体不好，弟弟年幼，感到身

上的担子很沉，自己一无所有出门学生意，是破釜沉舟背水一战了，为了激励自己自嘲地取号"剩一"——只剩一文钱了。

志道几乎是一路乞讨到江西鄱阳，路上的辛苦自是不必说了。到鄱阳后，他一边帮人打工，一边学习会计。会计学成后，也积了一点钱，他离开鄱阳，来到浙江金华。在金华，他利用积攒的一点钱开始做些小生意，为寻找更好的市场，不久赴扬州柿茶盐场经营盐业，接着又到湖北经营盐业。八九年时间的辗转磨砺，志道历尽人生艰苦，既锻炼了胆识，又熟悉了盐业行规和行情，同时积累了丰富的业盐经验。20岁时，志道又一次来到扬州。扬州自古繁华，明清时期更是聚集了一大批两淮盐商，且徽州盐商占一大半。

时值乾隆三十三年（1768），发生了一件震动朝野的"两淮提引案"，此案旨在掠夺两淮盐商的所谓"馀利"。清政府官盐价格的核定，一般经过层层把关，盐价单位是按课银来定的，但零售价却是按铜钱来计算的。如果每两银子和铜钱的比价下降，而零售盐价没有相应地降下来，盐商们就有了额外的利润，这就是所谓"馀利"。由于报效的增加、盐官的层层盘剥，这点额外的利润也就不复存在。历任盐政官盘剥手段主要以"两淮提引"的形式来中饱私囊。"两淮提引案"使几任盐政高桓、普福和盐运使卢见曾等人伏法，还使纪晓岚受牵连。据《清高宗实录》记载，两淮盐运使卢见曾因"两淮提引"案贪污行为将被革职查办，他的亲戚纪晓岚则因为通风报信而被发配乌鲁木齐。这件事《清朝野史大观》的记载更为生动有趣：当时纪晓岚得知消息，想预先通知卢家，但又怕引火烧身，不敢轻易传话、写信。他想出了一个绝妙的办法，把一点食盐和茶叶封在一个空信封里，里外未写一字，星夜送往卢家。卢见曾经过苦苦的思索，终于悟出其中的隐语："盐案亏空查封"。后经刘统勋等人的严密侦缉，纪晓岚终于败露，同年十月，被遣戍乌鲁木齐赎罪。此案不但打击了历任盐官，而且也重罚了两淮盐商。据《橙阳散志·鹤亭、橙里兄弟》记载：当提引事发，总商江春主动承担罪责，乾隆皇帝对盐商网开一面，不追究法律责任，只追缴两淮盐商的"馀利"。

"两淮提引案"中两淮盐商被追缴了几百万两银子，大伤元气，致使两淮盐业不景气。加上原来就管理松懈，生产疲惫，转运失调，私盐泛滥，使得引盐更加滞销。而课税繁重，捐输不断，许多中小盐商濒临破产。而这场盐业的"金融危机"却给鲍志道带来难得的机遇。

当时歙县的西溪南大盐商吴尊德为了摆脱危机，急需招聘一名经理，要求是能吃苦耐劳、精于盐业核算。积累了丰富的业盐经验的鲍志道抓住

064

机遇，前去应聘。传说，这位大盐商在招聘中，出了让人意想不到的试题。第一天，面试之后，大盐商命伙计给每位应聘者一碗馄饨，说算是犒劳。吃完后，大盐商让各位回去准备第二天考试。谁知，第二天盐商出了这样的几道题：请回答昨日你所吃的馄饨共有几只？有几种馅？每种馅又各有几只？应聘者被这样离奇的试题弄得目瞪口呆，有的摇头苦笑，有的后悔不已。歙县西乡的饮食文化中有"馄饨宴"：馄饨内包多种馅心，做法有煎、炒、蒸、煮等多种，20 世纪 90 年代潜口村老街上还有人会做。鲍志道凭他是西乡人，又有十年从商的经验，昨日就预料了那碗馄饨的不寻常，所以他对那碗馄饨作了细细的品味，此时应付这几道题自然是得心应手。结果不必说，他被聘用了。其实，积累了丰富的业盐经验和同饮丰乐水的同乡才是鲍志道受聘用的主要原因。

鲍志道上任后对吴氏旗下盐业进行整顿，由于他肯于吃苦，勤于学习，业务水平迅速提高。凭他超人的经营才干，盐业的经营大为起色。鲍志道为人忠厚诚实，深受吴老板的赏识和信任，老板返歙县西溪南休养时，凡在扬州的产业如钱庄、当铺、会馆等俱由鲍志道一人代管。志道接此重任，有胆有识，将存有的数百万两白银尽行购盐。一时间，外地采购淮盐的商人云集扬州，不到半个月，盐价上涨，盐行由此大发。吴老板闻知大喜过望，便把鲍志道经手增加的盈余，都赠送给了鲍志道。

几年的积累，鲍志道有了一定的商业资本，于是辞去了经理职务，自己在扬州开创盐业经营。一方面，盐业是扬州的龙头行业，扬州所管辖的淮南盐场是当时全国最大的盐场；另一方面，盐业经营利润大，这几年当经理的盐业生涯，他早已摸熟了市场行情，结交了许多社会各界的朋友，建立起了个人关系网。他还吸取前辈的经验教训，处理好和朝廷的关系。这些使他的事业很快走向成功，家资累至巨万。而且他精明强干、处事公允、急公好义，在盐业界的声誉也是日益提高，最终出任两淮盐务总商。

棠樾村盛传鲍志道打个喷嚏发大财的故事：两淮盐务总商鲍志道做人干练智敏，手灵眼活，上交天子，下结公侯。清朝先后封他六个官衔，什么内阁中书啦、监察御史啦。乾隆皇帝下江南，来到扬州，他作为盐商代表去接驾，向皇帝进贡珍珠宝贝，因此得到乾隆皇帝赐予的"特恩"。因此，他垄断了两淮的盐利，成为"江南首富"，皇帝要用钱，他只要动动嘴，众盐商们便会捧出成千上万的白花花的银子。有一年两淮私盐贩子特别多，他们巧妙地越过关卡，将外地的盐运到两淮最大的引岸汉口低价倾销。而官盐却堆积如山，运不出去，官盐的课税也没法收了。盐商们大伤脑筋，纷纷上告盐院，这一下可急坏了盐运使，盐运使马上命令道员去查

办，四处缉捕私盐贩子，不数日，私盐贩运被取缔了。在这当口上，汉口各引岸又出现了盐荒。私盐被取缔，官盐又不到，那里的平民百姓吃淡食都快半个月了。地方官星夜火急赶文书催盐督运。这时，扬州码头樯桅如林，盐趸塞港。盐船迟迟不发，这是什么原因呢？许多人说："盐船发不发，还不是总商一句话！"连日来只见鲍志道心安理得，徜徉无事。这一天傍晚，他从河厅里看完戏回来，正挽着长袍在解手，不提防后面盐行总管匆匆跑来，"扑通"一声打了个千："禀告老爷！西河港盐船已装载齐备，急等老爷您的手谕。发，还是不发？"这话出口约莫半分钟，不见老爷作声，总管急了，把头一抬，恰好老爷打了个颤噤。总管以为老爷示意了——不发！总管说："着！"，爬起来便往回跑。事隔三天，盐价又涨了，白花花的银子像潮水一样涌进了盐商们的库房。鲍志道打个颤噤发大财的故事，便这样传开了。其实这是民间的猜测，不过鲍志道依靠当总商发大财是事实。

鲍志道是以"资重引多"出任两淮盐业总商，然而总商的角色并不好当，一方面，在政府眼里，盐商都是些富得流油的肥羊，总要想方设法进行搜刮。因此总商要代表众盐商利益与政府交涉、周旋。另一方面，他要不断解决盐商内部的矛盾，同时还要向政府反映众商人的愿望和要求。总之，总商处在政府和众盐商之间，双方谁也不能得罪，没有精明干练的处事能力是很难做到的。鲍志道担任总商，处事果断、公允，深受众盐商的拥护，也得到政府的赏识，因而他在总商职位上一干就达 20 年之久，声望显赫。

鲍志道任总商期间，曾倡议"一舟溺，众舟助"，受到商界推崇，这也是现代商业保险制度的先河。当时淮盐要经淮河、运河、长江水运到各个引岸，每年都有一些装载食盐的船只遇到沉船或是被抢之类的天灾人祸，当时的中国没有商业保险机制，中小盐商有可能碰到这种偶然性的商业风险而面临破产。鲍志道倡议，如果一船沉溺，则众商相助，在经济上给予资助，这样以众帮一，不致使遭受沉船或是被抢之类的天灾人祸的盐商面临破产。此议一出，立即得到众盐商的响应，并得以实行。两淮盐商称此为"津贴"，这一制度对促进盐运、维护众盐商的利益起到积极作用，这也是鲍志道深受众盐商拥护的原因之一。

鲍志道任总商期间，清政府凡有军需、赈灾、黄淮河等水利工程等，总是率领众盐商踊跃捐输，忠心报效。在担任淮盐总商长达二十年期间，他共向朝廷捐银 2000 余万两，粮食 12 万余担，受到清政府的多次嘉奖，先后敕封他"文林郎内阁中书""侯选道""奉直大夫内阁中书""奉直大夫内阁侍读""朝议大夫刑部广东郎中""中宪大夫内阁侍读""朝议大夫掌山西监察御使"等头衔，同时荣封三代、封妻荫子。据史料记载，乾隆皇帝下江南时，鲍志道在扬州接驾，由于多次率领众盐商踊跃捐输，忠心报效，乾隆皇帝特别降恩，召见其长子漱芳和正在紫阳书院读书的次子勋茂，面试后赐给官衔和功名。鲍志道去世后，鲍漱芳于嘉庆六年（1801）继任总商，并获得盐运使司的官衔。

　　鲍志道虽是巨富，但生活勤俭，重礼好义，为世人称道。他对家人以及亲朋好友，都以俭朴相戒，做到门前不容车马、家中不演戏剧、淫巧奢侈之物不留于宅中。这在扬州"俗尚奢华"的社会风气中是难能可贵的。在他的倡导下，扬州的侈靡之风为之一变。民间流传的故事中，"鲍家无懒凳"则道出了鲍志道勤奋治家的风尚。相传乾隆时代，扬州分旧城与新城，鲍志道于盐业发家，富甲江南，便于扬州新城盖了一处宅院。落成那天，管家引鲍志道巡视了院庭，刚进大门，鲍志道指着大门两旁各置的木凳问放置两凳何意，管家答道："此凳曰'懒凳'，凡扬州大家馆府均设此凳，是怕下人劳作过勤而便于休息，以此来显示主人仁爱宽儒之风度。"鲍志道沉思片刻，吩咐管家："撤除此凳！自今以后，凡鲍家，不许有懒凳"。后来清代文人林苏门作诗称颂："胡然无懒凳，只此一商家……守者勤劳惯，当门侍立斜。"于是"鲍家无懒凳"便成了扬州城达官贵人府上的一名言。

　　鲍志道对自己的家人严格要求，崇尚节俭，但对社会公益事业、慈善事业却慷慨解囊，热心赞助。在扬州铺设康山以西至钞关抵小东门砖石路面；建12门义学，供贫家子弟就读；在北京建扬州会馆，为往来商旅安排食宿，存放货物；在故乡歙县，同曹文埴等乡士大夫一起倡议复建古紫阳书院，还独自捐银3000两作为该院生员的生活费支用；捐银8000两，用以修复山间书院；还出资建鲍氏世孝祠、修敦本堂、增置祀田，捐资建东河（富资水）水堨，修造古虹桥等义行，不可胜数。

　　遥想当年，鲍志道怀揣一文钱出门经商，可以说一路备尝艰辛；在商场几十年摸爬滚打中，辛酸的故事必不会少；总商虽说荣耀，但夹缝中做人，岂能是容易的事？问题在于，不论处在何种情况下，他始终能立于不败之地。这不能不引起我们的思考、学习和借鉴。张海鹏、王廷元编《徽商研究》一书中指出："徽商在两淮之能执诸盐商之牛耳，还因为占有文化优势。徽商是一支以'儒贾'为特征的商帮。"徽商坚持"以商从文、以文入仕，以仕求官，以官保商"的儒贾途径。徽商中的大多数人都受了较深的儒学教育，掌握了一定的文化知识，因而他们在经商活动中，善于

运用心计，精于筹算，审时度势，决定取予，常在商场中立于不败之地。鲍志道就是其中一个典型的"儒商"。另外徽州商人的商业道德是建立在互惠、诚信的基础上的。鲍志道立业之后，根据谐音把名号"剩一"改为"诚一"，就是体现出"诚信"二字在经商中的重要。

三、在"盐海"中急流勇退的鲍启运

清代徽州盐商设立了务本堂、月折、月包、"津贴"等名目，以赈济败落的盐商。这笔费用，据陶澍的估计，每年不下十万两，颇有些"社会保险"的作用。这说明盐商经营还是有风险的，盐商的经营风险除了水旱风火等自然灾害外，还存在其他众多的人为因素。盐业作为政府税收的主要来源之一，一直是众多势力觊觎的对象。食盐在明清两代都是由政府垄断经营的，政府关注的首先是盐税国课。明清两代政府的课税一直在增加。以清代为例，"国初淮纲正课原只九十余万两，加以织造铜斤等款亦只一百八十余万两"，"乾隆年间已及四百余万两，至嘉庆二十年后，而淮纲每年正杂内外支款竟需八百余万之多"。据嘉庆《两淮盐法志》统计，从康熙十年（1671）到嘉庆九年（1804）的100多年中，两淮盐商前后所捐输的财物共有白银3930余万两，米2万余石，谷33万石。盐商一旦不能如期完成国课，就会遭到革退、罚没以至下狱的惩罚，正是"盐海无边，回头是岸"。到了嘉庆年间，这种风险越来越大，鲍志道的弟弟鲍启运就是这时在"盐海"中急流勇退的，这件事记录在棠樾的敦本堂——男祠中。

在棠樾敦本堂明间的后檐柱正中，立有一块黟县青石碑，石碑上镌刻着清朝嘉庆皇帝所下的三道圣谕，十分引人注目。仔细看碑文，人们会发现这三道圣谕是皇帝在短短的35天之内针对鲍启运下发的。

鲍启运，谱名廷运，字芳陶，在嘉庆九年（1804），他被佥派办理淮北盐运。盐务之事，关涉民生，一旦接受佥派，就必须按期赴运，否则责任极大。鲍启运受命之后，却突然报称生病，不能押盐赴淮北引岸。作为一名大盐商，只要有盈利的业务，是求之不得的，为什么鲍启运"拒不赴淮"呢？这就要从时间和地点两方面进行分析。

清政府官盐价格的核定，要经过层层把关。盐价单位是按课银来定的，零售则是以铜钱计价，而银钱比价经常发生变化。根据笔者收藏的《淮北盐商程德中公文汇抄》记载：乾隆五十七年（1792），银价每两折钱1400文为最高；嘉庆三年（1798）以后，钱价渐长，银价每两折钱曾减为

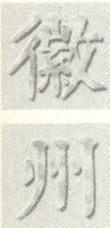

1200 文，至嘉庆九年每两银价折钱低至 950 文。由于食盐零售都用钱来交易，如果盐价没有按银钱比价及时降下来，盐商们就有了额外的利润，这就是所谓的"馀利"。清政府为了在正常的盐课外还能从盐商身上榨取更多的油水，就使用了追缴"馀利"的办法，乾隆三十三年（1768）的"两淮提引案"案本质就是掠夺两淮盐商的所谓"馀利"。据《公文汇抄》中另一奏折记载：嘉庆四年（1799），皇帝要求两淮盐商捐饷四百万两，并且盐价保持在乾隆六十年（1795）的水平不涨，就是追缴钱价上涨的"馀利"的另一种方式。嘉庆九年（1804），由于镇压白莲教起义，财政发生困难，加之这年每两银价折钱低至 950 文，嘉庆皇帝故技重演，又想追缴两淮盐商的"馀利"。对于两淮盐商来说，官盐价格上涨，私盐更加侵占引盐的市场，使得引盐滞销。由于盐课早已完纳，就造成盐商的亏本。

相对于淮南而言，淮北的盐业无论是规模与引岸都要逊色得多。淮北盐业的集散地在淮安，盐岸是皖之凤阳、怀远、凤台、灵璧、阜阳、颍上、亳州、太和、蒙城、英山、泗洲、盱眙、五河，豫之汝阳、正阳、上蔡、新蔡、西平、遂平、息县、确山，与食岸在江苏境之山阳、清河、桃源、邳州、睢宁、宿迁、赣榆、沭阳、安东、海州三十一州县，而皖之寿州、定远、霍山、霍邱、六安，豫之信阳、罗山、光州、光山、固始、共计四十二州县。这些州县经济不发达，长芦盐场走私到淮北引岸的"芦私"盐特别多。

清代长芦盐场所产的盐大多沿黄河的北河运至河南省引岸，而淮北引盐则基本上沿淮河上溯到各支流各州县，可谓是泾渭分明。自金明昌五年（1194），黄河在阳武决口，至寿张，分两派入海：北派，由今黄河入海，称北黄河；南派，由运河达淮河入海，称南黄河。这是历史上黄河第四次大改道。到了元至元二十五年（1288）黄河第五次改道，从兰仪东至徐州，由运河夺淮入海，这就造成黄河与淮河的水上运输联成一片，使长芦盐场走私到淮北引岸的"芦私"盐特别多。据《清史稿》卷一百二十三《食货四·盐法》记载："时两淮私枭日众，盐务亦日坏。其在两淮，岁应行纲盐百六十余万引。及（嘉庆）十年，淮南仅销五十万引，亏历年课银五千七百万。淮北销二万引，亏银六百万。"从中可知，在嘉庆十年（1805）前后，淮北引盐销量只有淮南的 4%，而亏损是淮南的 10%，亏损率是淮南的两倍半，这说明这一时期淮北盐商比淮南盐商更加艰难。淮北盐商亏本甚至破产报歇也往往不准，有的小盐商只好抱罪潜逃。这对著名的大盐商鲍启运是无法采用的办法，因此他只有"称病告退"。

鲍启运就是在这种严峻的背景下，在即将遭遇灭顶之灾的"盐海"中

急流勇退，却被巡盐御史佶山以"抗金误课"罪告发到嘉庆皇帝那儿，并说鲍启运是"受人唆使"，暗指知道淮北内情的总商、盐运使司鲍漱芳，请求"革去"鲍启运的道衔，然后查明唆使之人，一并"严行审办"。嘉庆皇帝处理鲍启运的三道圣谕则说明鲍氏盐商家族的避险本领。

嘉庆皇帝于嘉庆九年（1804）三月初八日，传下第一道圣谕，曰："商人鲍启运于金认口岸之后，忽又不肯接办，如果饰词告病，抗不办公，自当革惩示警，但该商患病之处是否属实，尚须确切查明，方可加以惩治。若遽行斥革，亦无以折服其心。"随即，嘉庆皇帝命令当时的两江总督、总理盐法大臣、新授兵部尚书陈大文查办此案。在当年的四月初三日，嘉庆皇帝又下第二道圣谕，称："陈大文自应驰赴扬州，秉公查办。如该盐政果有婪索不遂、勒逼金派情事，即应将佶山参奏；若鲍启运实系抗金误课，亦当将该商奏明，革惩其淮北盐务。是否应令淮南商人兼办，抑或佶山办理不善，未协商情，另须设法调剂，仍遵前者评议具奏。钦此。"显然，嘉庆皇帝的态度看似是客观公正的，命令陈大文谁有过错就追究谁！事实上，这里面是有偏袒鲍启运的言辞的，因为身为御史的佶山，明察民情以告朝廷是其本职工作，过去的御史甚至有先斩后奏的"特权"，其所告之事，本身就存在，反而落得个皇帝派人来查自己的结局，这岂不是"御史"之悲？嘉庆皇帝对此中"隐情"不可能不明，但圣谕中却出现如此耐人寻味之处，除了能让人想起皇帝念起鲍启运之兄鲍志道和侄子鲍漱芳的频繁捐输之功，还能怎么解释这一现象呢？前往查办的陈大文也素与鲍家有交情，可同时他又不想得罪"贵族"佶山，所以处理结果也特有"意思"，称鲍启运："患病属实，且于北运人地生疏。伊有一子，读书，不谙盐务，势难兼顾，尚非有心违抗，着免其斥革，准输银五万两，代完淮北退商未运壬戌纲盐一万余引。"可见，鲍启运"误课"确是事实，"患病"只不过是个原因，而且陈大文还替鲍启运"辩解"：虽有一个儿子，但儿子还在读书，"不谙盐务"，你说怎么去完成这一任务？陈大文可谓号准了嘉庆皇帝的脉，当他的处理意见上奏后，得到嘉庆皇帝的许可，于是在第二道圣谕下发的第十天，又下发第三道圣谕，下令"照所议行"。"抗金误课"的大罪，仅以罚五万两银子了事了。无疑，这是一场惊心动魄、家道命运系于一线的风波，其结果，鲍启运并未被革去"盐务道员"的官衔，这当然使鲍启运十分感激。因此，在这三道圣谕碑刻之下，镌刻着这样一段话："臣启运被参，若非明照临，夔龙明允，焉有今日？再造深恩，感泣不尽，谨将上谕三道敬勒宗祠。俾启运世世子孙，仰戴殊恩厚德，以图报称于万一。臣鲍启运谨志。"

鲍启运将这三道圣谕镌刻在敦本堂，不仅以此事启迪鲍氏子孙，亦是显示鲍氏家族特殊的政治背景。此案的后二年"浮价病民案"的审理更证明了鲍启运的料事如神和嘉庆皇帝对鲍氏盐商的"网开一面"。

鲍启运凭着敏锐的业商头脑，认罚五万两银子，从盐海中脱身，在后来发生的"浮价病民案"发生前规避了更大的损失。嘉庆十一年（1806），江苏省私盐泛滥，使得引盐滞销。专营无锡、金匮两县的徽州盐商汪丙太旗号盐店想将官盐由每斤 30 文降为 28 文出售。汪丙太盐店原想暂时减价，使居民见官盐和私盐价格相差不是很悬殊，就不必冒风险去购买私盐，这样私盐就会滞销，私盐贩子们就会裹足不前。当官盐畅销后，再恢复原价销售。由于是权宜之计，又是减价销售，估计官家不会禁止，所以只是请锡、金二县出告示，并没有禀报盐运使。但两淮盐运使张映玑认为，每年于苏州地区盐市的旺销季节，淮盐一年生意全在春菜之时，各县应统一出告示申明盐价，所以就出告示阻止这两县的减价行动。这么一松一紧，引起锡、金两县老百姓的不愿意，于是由一个捐纳了九品衔的张江梅作为原告，以"盐商汪丙太等浮价病民、盐运使张映玑庇商不准核减（盐价）"的罪名将盐商和盐运使告上。状纸中有"商人捐饷报功，借此浮价开销，则捐项全出于民，商输竟无其矣。……（盐商）私设公栈，提引行贿"等具体的罪状。"浮价病民案"中又一次提到类似的关键词"提引行贿"，此案的发生给嘉庆皇帝追缴"馀利"以口实，降旨让在广东英德回京途中的那彦成顺道赴浙江省府杭州秉公审办此案。由于那彦成是戴罪回京途中办理此案，也知道嘉庆皇帝追缴"馀利"的意图，所以结案也是以追缴"馀利"为目的，最后认为："自嘉庆三年以后……该商获利亦多，未便令其饱充私囊。应责令四所商人于通例内罚缴银一百万两。"这区区的二文钱盐价使所有的四省的两淮盐商都受到罚银的处罚，可见嘉庆皇帝对两淮盐商比他的父皇乾隆还要苛刻。从这之后第三年——嘉庆十四年（1809）起，为了筹备河工，又将两淮盐价每斤增加银 3 厘，每年两淮引岸加收银约六十八万两。而此时，棠樾鲍氏盐商基本上从盐海中脱身而出了。

四、棠樾鲍氏盐商"脱贾入儒"

徽商"贾而好儒"，许多经商者都受了较深的儒学教育，掌握了一定的文化知识，使他们在经商活动中，善于运用心计，精于筹算，审时度势、决定取予。纵观棠樾鲍氏家族历经宋元明清的历史，大致走过"由儒入贾"又"脱贾入儒"这么一个奇圈，与徽州其他的盐商家族相比，他们

在审时度势，决定取予上能抓住最佳时机。

在清代嘉庆年间，棠樾的盐商家族便逐步走向"脱贾入儒"的道路。他们"脱贾"主要有两种表现：

一是有总商身份，但并不直接经营盐业，而是将盐业生意委托给其他人经营。像鲍志道、鲍漱芳父子，在担任两淮盐务总商后期，并不直接经营盐业，主要是代表众盐商利益与政府交涉、周旋，不断解决盐商内部的矛盾，同时还要向政府反映众商人的愿望和要求。他们将盐业产生的巨额资金，不挥霍浪费，而是转入宗族事业和土地资产上。在"脱贾"以后，热心文化事业，捐资建书院，结交文人，收藏字画，勒石《安素轩法帖》等。他们还把精力放在扶助子侄们业儒，以便他们入仕为官。

二是彻底脱离盐业，完全不再具备盐商身份。像鲍启运在"抗金误课"案中交出五万两的罚银之后，他就彻底脱离了盐业，急流勇退。清道光年间，两淮盐商积欠银子高达五千七百万两，纲盐制到了山穷水尽的地步。陶澍于道光十年（1830）任两江总督后，对盐制进行了大幅改革，大力裁减浮费，并在淮北逐步推行票盐制，这对长期把持盐运的徽州盐商是致命一击；实行票盐法期间，不仅追缴过去两淮盐商亏欠的数千万两盐课，而且增加盐课以千万计，盐商利益受到重大打击。所以，陶澍初议革除盐弊时，盐商蠹吏都大肆反对。世以盐业起家的身为乾隆、嘉庆、道光三朝宰相的歙县人曹振镛不便出面反对，也因盐政改制遭受损失，只好酸溜溜地说，盐政改革"焉有饿死之宰相家"。尽管曹振镛这样说，但盐政的改革对徽商的打击还是极其重大的。陶澍的改革，以确保政府盐课为宗旨，将改革的负担完全推到盐商尤其是总商的头上，各总商纷纷破产。徽州盐商破产后的境况是十分凄凉的。在扬州，各总商屡遭抄没，"造园旧商家多歇业贫散"，"园丁因偶坏敧者，鸣之于商，商之旧家，或贫无以应之。木瓦继而折坠者，丁即卖其木瓦，官商不能禁"，众多的盐商妻女甚至沦落娼门。在淮北盐业的集散地淮安，改纲为票后，诸商皆败，河下地区"零落殆尽，园亭瓦砾，池沼邱墟。唯麦畦菜圃，疏柳苍葭，点缀荒寒，聊免枯寂而已"。相比而言，棠樾鲍氏盐商们，能在陶澍的盐政改革之前，在"盐海"中脱身而出，实有先见之明。

徽商特别是徽州盐商致富后，总是迫不及待地让子弟习儒，走仕进之路，棠樾的鲍氏盐商更是如此。鲍志道一家将大量资金投入文化事业，对促进徽州和经营地的文化事业发展，起了相当大的推动作用。他们在扬州建12门义学，供贫家子弟就读。在故乡歙县，他们同曹文埴等乡士大夫一起倡议复建古紫阳书院，还独自捐银3000两作为该院生员的生活费支用，捐银 8000 两用以修复山间书院；在棠樾则鼓励子侄们读书习儒走仕进之路。鲍志道有两个儿子，长子鲍漱芳继承父业做到盐务总商后，又做了盐运使司的朝廷官员，是仕进的另一种方式；次子鲍勋茂则自幼读书，先作为徽州府学廪膳生员，后由举人身份被乾隆皇帝特别降恩，入内阁中书，历官至通政使司通政使，跻身九卿之列。鲍启运儿子鲍有莱，走读书仕进之路，后因子维垣封资政大夫，诰授奉政大夫。这种读书习儒走仕进之路一直延续到光绪三十一年（1905）废除科举制度为止。据鲍鸿记载，他的堂兄鲍达夫是咸丰己未（1859）科举人；鲍达夫的儿子鲍绍庭是同治丁卯（1867）科举人；鲍绍庭的儿子鲍荐臣是光绪癸卯（1903）科举人；鲍鸿自己是光绪辛卯（1891）南榜举人；加上鲍惠人登光绪己卯（1879）北榜举人；四十五年间，棠樾鲍氏考取五个举人。科举制度废除后，鲍志道的五世孙鲍庚于清朝末年就读于两江师范学校，民国初年留学日本早稻田大学机械系学铁道管理，毕业后回国任北方交通大学教授。以后他弃教从政，历任安徽省财政厅厅长、中央财政特派员；抗战时期，历任安徽省舒城县、立煌县、歙县县长等职；后从军，任河南南阳行署专员兼保安司令，第一战区司令部少将高参，是棠樾唯一的抗日将领，也是鲍氏盐商"脱贾入儒"的最好尾声。

在徽商看来，虽然经商可以获得厚利，但也存在巨大的商业风险，因此，徽商总是把商业利润的一部分转到土地资产上，棠樾的鲍氏盐商更是如此。鲍志道一家除为鲍氏家族置办了大量的义田、义仓，使鲍氏子孙在遭遇商业风险时都有饭吃，他们还在巨富时期，一反徽州盐商奢华挥霍风气，家风清正，生活简约，热心宗族事业。他们在自己的本里棠樾，花费巨资建成鲍氏世孝祠、清懿堂、修敦本堂、增置祀田，同时还出巨资修建了棠樾牌坊群，为后人留下这举世闻名的瑰宝。

徽州

第七章 举世闻名的棠樾
牌坊群古今考

一、牌坊的衍变和功能考证

据考证，牌坊的起源可以追溯到原始社会氏族聚居村落入口处的门型建筑，被称为"衡门"。早期的"衡门"非常简单，就是两根立柱加上一块横木，相当于后来的大门。"衡门"在周朝时已有文字记载了，诗经中《诗·陈风·衡门》曰："衡门之下，可以栖迟"。"衡门"被称为"坊"，则起源于汉代直至宋代的里坊制度。汉代以后，中国的城市建筑渐渐形成一定的格式，在城中有里坊，里坊有坊墙坊门，犹如城中之城，类似如今的居住小区。棠樾牌坊群中年代最久的"慈孝里坊"就是属于门坊，是唐宋时里坊制的大门建筑遗存。但在明代建造这些门坊时，里坊制已经解体，仅为象征性的标志。又据历史文献记载，里坊中如果出现好人好事，便须在坊门上张贴通告，以示褒奖，由此坊门衍生出了表彰功能，后来的牌坊作用主要是这种表彰功能。作为封建社会最高荣誉象征的牌坊，古名"绰楔"，创自唐代，它原是建在里坊入口处，旌表孝意的建筑。在封建社会里，专制统治者将所谓"三纲""五常""四维""八德"之类的封建礼教，作为衡量人们行为的准则，为了在坊门上标榜那些"矢贞全教""乐善好施"的人，就把原来仅由表柱和横木构造的坊门改变为一种纪念碑性质的牌坊。随着历史的发展，后来在交通要道或十字路口上，出现了专门为悬牌挂匾而成一体的纪念性牌楼。这类牌楼为更多人所注目，采用的建筑原料也由原来易腐烂的木质结构，逐渐过渡到更能经受自然破坏力的石质结构。

到了明清两朝，牌坊的表彰功能发展到极致，这种表彰必须经过皇帝批准，即"奏请圣上，旌表立坊"。气势轩昂的石牌坊通常被安置在建筑群的导入部分，人们进入牌坊便宛然置身于一个独特的建筑主题氛围中，不禁肃然起敬。优质的石料和符合建筑力学与美学原理的牌坊，确实更能

"光宗耀祖"、流芳百世。牌坊成了封建社会最高的荣誉象征，用来标榜功德，宣扬封建礼数，是宗族的功德纪念碑。

徽州原有牌坊一千多座，现尚存有百余座，被誉为"牌坊之乡"。棠樾牌坊群就是其中的代表。应该说历代统治者都很重视"精神文明建设"，为了表彰在忠孝节义等各方面"功勋显赫"的官员和义士节妇，树立起一座座牌坊。五千年的文明使得华夏大地随便哪个地方，都有深厚的历史，为何唯独古徽州是中国牌坊最多的地方？其中最重要的就是徽州有称雄中国商界五百年的"徽商"。徽商的兴起与兴盛，给当地奠定了雄厚的经济基础，就是所谓的经济基础决定上层建筑。古徽州众多的牌坊中，建造最多的时期也正是在"徽商"称雄中国商界的明清两代。牌坊和民居不同，它是家族纪念碑，也是一种奢华的村镇装饰品，没有巨额的财富，一般是立不起牌坊的。

明清两朝建造牌坊，一般必须有两个先决条件：一是要经过皇帝的批准，即"奏请圣上，旌表立坊"，要有可歌可泣的感人事迹，要符合忠、孝、节、义的世理，要有名流贤士上书请旌，要有州县府层层奏折，最主要的是要有皇帝的批示——御制、谥封、圣旨、恩准。立坊的程序复杂而烦琐，名义上要严格审批，主要是防止奸人作弊，本质上也是一种权钱交易。二是必须有雄厚的经济实力——建牌坊需要银两。建造牌坊，必须经过朝廷批准，但朝廷并不给钱，哪怕是位高权重者，也不得动用国家财政，繁重的费用全靠建坊者自己和宗族自筹。没有雄厚的资财，是不敢贸然从事的。特别是前一个条件，花费的银子往往比建造牌坊的造价要高得多，非官宦的贞节坊义举坊之类更是如此。

在封建礼教下，全国及徽州的贞节妇女成千上万，1905年建成的徽州的最后一座牌坊额枋镌刻的"徽州府属孝贞节烈六万五千零七十八名口"就是明证。那么为什么只有极少数能得到皇帝的御批呢？这里有一个鲜为人知的原因，就是这些贞节的女人所在的家族中有成员能够捐出巨额的军费、河捐等，让皇帝为还人情给予特批；或者用巨额的财富能买通皇帝身边的近侍重臣，让他们把这请旌的奏报递到皇帝的御前。这个过程的花费之大，是一般的京官也望而却步的。所以徽州的牌坊最多的不是状元坊，不是尚书坊，而是布衣之妻女的贞节坊。在一个村中有三五成群牌坊的无一例外都是盐商家族聚居的村子，盐商家族属歙县最多，歙县的雄村、许村、郑村、稠墅、棠樾都有成群的牌坊。而以七座牌坊联成的牌坊群只有鲍志道、鲍漱芳父子两代盐务总商才能最后完成，所以棠樾的牌坊群是盐商文化的标志物。

二、元明时期棠樾的牌坊存毁原因

清乾隆三十一年（1766）出版的《重编棠樾鲍氏三族宗谱》记载，棠樾牌坊群形成之前村中共有六座元、明时期的牌坊。村中原有位于始祖墓北的鲍同仁状元坊、位于村西首的鲍障山监察御使坊、位于村中段的地官坊，这三座牌坊都已不存在了，但是这三座牌坊从科举和官本位的角度来衡量，地位是最高的。早在元代中期，棠樾鲍同仁考中泰定（1324—1328）国书第一，即蒙古释褐状元，这是鲍家科举考取的最高功名，鲍氏在始祖墓北立了棠樾鲍氏唯一的状元坊，以示光宗耀祖；明代鲍鄣山任监察御史，曾在村西首立有监察御使坊；棠樾鲍氏迁岩镇一支，传到十四世鲍道明时，出现了棠樾鲍氏三族中的最高官员——明代南京户部尚书，鲍氏三族在棠樾村中段立了第一座尚书坊。户部尚书又称地官，所以俗称地官坊。此三坊倾圮不存的主要原因是在建筑材料方面，徽州在明代以前用的建筑石料，主要是利用当地产的白砂石，这种石料开采容易，价格便宜，但是容易风化，建造的牌坊不容易长久保存。在村东牌坊群的位置上当时有慈孝里坊、鲍灿孝行坊和鲍象贤尚书坊三座，同样是建筑材料的原因，至乾隆年间已经风化残破，有倾圮的危险，所以在鲍志道、鲍漱芳任盐务总商时，一并用产自浙江的茶园石替换了大部分构件，使其牢固地保存至今。

1. 慈孝里坊

从女祠向东走过一个青石板铺地的广场，便是棠樾牌坊群中建筑年代最早的"慈孝里"坊。该坊建于明永乐十八年（1520），距今已有570多年的历史了。龙凤板上"御制"二字，意味着该坊乃是皇帝特批建造，足见其规格之高了。说到"慈孝里"的来历，还得先看刻在牌坊上的"御制"诗。诗中写道："父遭盗缚迫凶危，生死存亡在一时，有子诣前求代死……鲍家父子全仁孝，留取声名照古今。"诗通俗易懂，记录的是鲍氏家族很不平凡的一段慈孝史实——宋末处士鲍宗岩、鲍寿孙父子争死的事迹。明永乐年间，明成祖朱棣皇帝在《宋史·孝义传》中读到鲍寿孙父子的事迹，龙心震曰："慈孝可风"，遂御笔提赞诗，所以有"御制慈孝里"坊之称。"慈孝里坊"属于门坊，它和歙县郑村的"贞白里坊"、郡城东的"高阳里坊"一样，是唐宋时里坊制的大门建筑。明代建此坊时，里坊制已经解体，仅为棠樾村象征性的标志，它更大意义在体现棠樾鲍氏家族是御笔题赞的慈孝传家的典范，是鲍氏宗族的纪念碑。此坊卷草形纹理头脊式，四柱三楼，通面阔8.3米，高8.4米，原来的建筑石料是白沙石，横匾上镌刻"御制慈孝里"几个大字，下款有"皇明弘治辛酉（1501）冬吉日重整"字样，月梁下的雀替上雕刻的是"暗八仙"（即八仙的宝物）。到了清代乾隆四十年（1775）时，鲍志道在盐业上取得辉煌的成就，多次捐输，得到乾隆皇帝的嘉勉。大清乾隆皇帝下江南，知道"慈孝里"的典故后，欣然挥笔题联"慈孝天下无双里，锦绣江南第一乡"。鲍志道出钱将慈孝里坊进行了重建，除了四根大石柱为原来的白砂石外，其余所有的构件全部用浙江的茶园青石替换。20世纪90年代，有关部门再次重修时，将四根出现风化断裂的大石柱又进行更换，使这座历经五百余年的古老牌坊重现昔日的风采。

明代慈孝里坊

2. 鲍灿孝行坊

建于明嘉靖（1552—1567）初年，按建筑年代排序应排在第二位。此坊四柱三楼，卷草形纹头脊式，通面阔8.3米，高8.4米，牌坊挑檐下的"龙凤板"上镶着"圣旨"二字，牌坊次间下枋正反各有一对狮子戏球图案，属于高浮雕手法，显得颇为美观。枋上置隔间斗拱一对，出泥道拱和慢拱，柱上出插拱，仿木结构，是研究早期斗拱形制的实物。额题"旌表孝行赠兵部右侍郎鲍灿"，边上有乾隆四十一年丙申（1776）重修字样。据《歙县志》记载：鲍灿读书通达，不求仕进，是一个很有教养的儒生，信奉孝道。有一年，他七十多岁的老母亲两脚生了毒疮，他日夜守候在母亲的病床前，虽然想尽了办法，用遍了百药，但没使他母亲的病有所好转。看着母亲被毒疮折磨得死去活来，他非常焦急。为了减轻母亲的病痛，他用口去吮吸长毒疮的伤口，过了不久，他母亲脚上的毒疮竟奇迹般地痊愈了。此事在村里传开了，人们都为他的孝心所折服，于是文人们纷纷写诗、文颂赞他。但棠樾的孝子特别多，甚至可以说鲍氏家族是靠"慈孝"繁衍壮大起来的。为什么仅为他树立此坊呢？其中最重要的原因是他的孙子鲍象贤。鲍象贤生前的最高官衔是"兵部左侍郎衔"（去世后追封工部尚书）被皇帝"荣封三代"，所以皇帝赠鲍灿"兵部左侍郎衔"。鲍象贤生前特地请旨为祖父建造此坊。原来的建筑石料是白砂石，到了清代乾隆四十一年（1776）时，鲍志道在盐业上取得辉煌的成就后，出钱将此坊进行了重建。除了四根大石柱、两根明间中柱、两次间下枋和隔架斗拱为明代的白砂石原物外，其余所有的构件全部用坚硬的浙江茶园青石替换。"慈孝里坊"和"鲍灿孝行坊"的重修详情载入乾隆四十二年《重修慈孝孝子两坊碑记》，此碑嵌在世孝祠的东墙上。20世纪90年代，有关部门再次重修时，将四根出现风化断裂的大石柱又进行更换，所以使这两座明代的牌坊保存至今。

3. 鲍象贤尚书坊

鲍象贤尚书坊是牌坊群东头第一座牌坊，建于明天启二年（1622），按建筑年代排序应排在第三位。此坊四柱冲天式，四柱三楼，通面阔9.4米，高11.8米。原来的建筑石料是白砂石，乾隆六十年（1795）重修，除了四根大石柱为原来的白砂石外，其余所有的构件全部用浙江的茶园青石替换。除恩荣板、花板及雀替略有雕饰外，通体素洁，显得庄重大气。牌坊的枋额上镌有"赠工部尚书鲍象贤"的字牌，横匾两面分别镌刻"命涣丝纶""官联台斗"几个大字，出自明隆庆二年（1568）皇帝给鲍象贤的《明兵部左侍郎特赠工部尚书鲍象贤诰命》："官联台斗，崇衔既晋于朝堂；命涣丝纶，新宠永光于泉壤。"这几句话也是隆庆皇帝对鲍象贤一生的评价。鲍象贤，字复之，号恩庵，是孝子鲍灿的孙子。嘉庆八年（1574）鲍家十六世祖象贤公考中进士后，历任户部右侍郎、右都御史、刑部右侍郎、兵部左右侍郎、按察使等职。他戎马一生，屡建奇功，为人秉性耿直，为官清正，直言敢谏，不畏奸佞，并且"富略能兵"。在明朝时，西南边疆云南、两广发生叛乱，皇上派鲍象贤率兵征伐，鲍象贤不仅平息了叛乱，而且将那里治理得井井有条，深得当地少数民族爱戴，当地按风俗给鲍象贤立生祠这一事实足以说明这一点。但在朝中，他屡遭奸臣

陷害，因此被罢官回故乡棠樾四年，后又被重新起用。复出后，鲍象贤仍不改刚正不阿的秉性，以"官不择位"自勉，敢于直谏，隆庆元年（1567），鲍象贤在"兵部左侍郎"的职位上告老还乡。与鲍象贤同朝为官的同乡——大学士许国，对他的遭遇愤然不平，他同一班大臣极力呼吁朝廷为鲍象贤主持公道，隆庆二年，鲍象贤死后被追封为"工部尚书"。隆庆皇帝赐给他此座牌坊来旌表这位战绩显赫的功臣，坊额上"命涣丝纶"意指鲍象贤执行王命一丝不苟，并且如足智多谋、头戴纶绾的诸葛亮一样，具有文韬武略。在棠樾牌坊群中，此座牌坊旌表人物实授的官衔最高，也是棠樾鲍氏宣忠堂支系中含金量最高的牌坊，所以鲍志道设计牌坊群时，将这座牌坊重建在村首的位置。

鲍象贤尚书坊

三、盐商完成的棠樾牌坊群

鲍象贤的九世孙鲍志道担任两淮总商发了大财以后，特地从扬州赶回故里，召集族内长辈，共同商讨修建祠堂、修建牌坊等一系列有关家族的建设事宜。他拿出私有财产，为这些建筑投资。他不但乐于出资，而且自始至终关注此事，还和族侄鲍琮一起主持兴建工程。特别是在构建以祠堂群、牌坊群组成的村水口的整体布局上，煞费心机。以鲍志道为代表的鲍氏盐商们，高瞻远瞩，别出心裁，决心不惜一切代价，建造高规格的村落水口。他们一反传统在"中轴线"上排列多座牌坊的模式，而是在村口弧形的堤路上，重建三座明代牌坊和骢步亭，并在其间为孝子、节妇再兴建三座牌坊。鲍志道为了能得到皇帝建牌坊的御批，清政府凡有军需、赈灾、黄淮河等水利工程等，总是率领众盐商踊跃损输，忠心报效。他在担任淮盐总商长达20年期间，共向朝廷捐银2000余万两，粮食12万余担。鲍志道的义举得到乾隆、嘉庆两代皇帝的嘉奖，特赐恩准在棠樾村头立三座孝子、节妇牌坊，使牌坊群初具规模。

牌坊群

　　鲍志道去世于嘉庆六年（1801），他的儿子鲍漱芳继任盐务总商。他继承父亲的未竟事业，当时棠樾村东水口鲍氏家族已有"忠""孝""节"牌坊各两座，唯独缺"义"字坊。当时鲍漱芳官至两淮盐运使司，他为了让嘉庆皇帝恩准赐建"义"字坊，便捐粮十万担，输银三万两，修筑河堤八百里，发放三省军饷，此举获得嘉庆皇帝御批"乐善好施"。鲍漱芳以此御批建"乐善好施"坊，此坊建于清嘉庆二十五年（1820）。这样从东西两头向中间看，顺序排列正好是"忠、孝、节、义"，浑然一体，勾勒出封建社会"忠孝节义"的伦理概貌。这期间建造牌坊全部采用浙江淳安茶园的青石，这种石料豪华美观，历经几百年不易风化，但价格要昂贵得多。这对于富可敌国的鲍氏父子盐务总商来说，保持建成牌坊华贵坚固，多花银子他们是不在乎的，这是盐商文化的一大特点。牌坊是用钱堆起来的，而钱是从业盐上来的，从某种意义上可以说，棠樾牌坊群是用盐堆积起来的。

1. 鲍文龄妻汪氏节孝坊

鲍文龄妻汪氏节孝坊建于清乾隆四十一年（1776），按建筑年代排序应排在第四位。此坊四柱冲天式，四柱三楼，通面阔 8.8 米，高 11.2 米。此坊建造的时候正是鲍志道开始担任盐务总商的年代。所有的构件全部用优质的浙江茶园青石。除圣旨板、花板及雀替略有雕饰外，通体素净，显得冰清玉洁。石枋额上刻"矢贞全孝""立节完孤"。这座牌坊向人们讲述的是一个叫鲍文龄的妻子的故事。鲍文龄的妻子是棠樾邻村山后人，姓汪，叫汪招，和丈夫同年、同月生，丈夫只比她早生两日，在乡里乡亲眼里，他俩是天生的一对。小两口恩爱有加，婚后不久又喜得贵子。谁知，天有不测，汪招 26 岁时丈夫便死了，原本一个很幸福的家庭瞬间失去了往日的快乐。汪招在痛苦中挣扎着，带着儿子艰难度日，最终把儿子养大成人，并使他成为歙县非常有名望的疡科大夫。她的事迹感动了乡里人，在她 80 岁高龄时，鲍志道等族人为她请旌立坊，以颂扬她"矢贞全孝"的精神。

2. 鲍文渊继妻吴氏节孝坊

此坊建于清乾隆五十二年（1787），按建筑年代排序应排在第五位。此坊四柱冲天式，四柱三楼，通面阔 8.8 米，高 11.2 米。此坊建造的时候正是鲍志道担任盐务总商最辉煌的年代。所有的构件全部用优质的浙江茶园青石。石枋额上刻因旌表鲍文渊继妻吴氏"节劲三冬""脉存一线"而建等文字。此坊讲述的是鲍文渊继妻吴氏节孝事迹。吴氏，嘉定人，22 岁嫁给鲍文渊为继室，时小姑生病，她昼夜护理。七年后，丈夫去世，撂下她和鲍文渊与前妻所生孤子。当时吴氏正是年轻当年，却立节守志。家中只剩孤儿寡母，生活无以为继，吴氏只得靠纺织挣钱以维持娘俩的生计。吴氏历尽千辛万苦，将前室的孤子鲍元标视如亲生，尽心抚养，直至其成家立业。鲍元标也不负母恩，后来成为清朝著名书法家。吴氏年老之后，又倾其家产，为亡夫修了九世以下的祖墓，安葬好丈夫和族属中没有钱安葬的人。吴氏还尽心侍奉患病的婆婆到寿终，她在 60 岁时辞世。由于鲍志道总是率领众盐商踊跃损输，忠心报效，他的义举得到乾隆特赐恩准，打破继妻不准立坊的常规，破例为她建造了一座与其他节孝坊规格相等的牌坊。尽管得此厚爱，还是在牌坊额上"节劲三立"的"节"字上，留下了伏笔——把节字的"草"字头与下面的"卩"错位雕刻其上，以示继室与原配在地位上的区别。

徽州

3. 鲍逢昌孝子坊

此坊建于清嘉庆二年（1797），按建筑年代排序应排在第六位。此坊四柱冲天式，四柱三楼，通面阔 8.8 米，高 11.2 米。此坊建造的时候正是嘉庆初年，虽说嘉庆皇帝对两淮盐商比他的父皇乾隆要苛刻，但因乾隆是太上皇，鲍志道还是担任盐务总商，所以嘉庆皇帝还是特批了这座孝子坊。所有的构件全部用优质的浙江茶园青石。石枋额上刻为旌表孝子鲍逢昌而建。据记载，鲍逢昌的父亲在明末离乱时外出多年，杳无音信。清顺治三年（1646），时年仅 13 岁的鲍逢昌下决心外出寻父，他不顾路途艰险，一路乞讨，三年后终于在甘肃省雁门一古寺内找到了正在生病的父亲。他为父亲的背疽吮脓疗疮，千里扶持父亲回到家中。一到家中，又见母亲病危在床，需要浙江富春山的真乳香医治。于是，他披荆斩棘，越岭攀崖，历尽艰险，终于获得了乳香，更能割股疗母，母亲服用后果然痊愈。族人便说这是他"天鉴精诚""孝愈其亲"，故建此坊。

鲍逢昌孝子坊

4. 乐善好施坊

此坊于清嘉庆二十五年（1820）正月建，按建筑年代排序应排在第七位。此坊四柱冲天式，四柱三楼，通面阔 9.2 米，高 11.7 米。此坊建造的时候是嘉庆最后一年，正是徽州盐商开始走下坡的时候。此时棠樾鲍氏家族当时已有"忠""孝""节"牌坊，独缺"义"字坊。鲍淑芳自幼随父在扬州经营盐业，父亲去世后继任盐务总商。嘉庆时期朝廷任命鲍漱芳为两淮盐运使司官衔，他向皇帝请求恩准赐建"义"字坊，便捐粮十万担，输银三万两，修筑河堤八百里，发放三省军饷，终于获得朝廷恩准建造"乐善好施""义"字坊，使棠樾牌坊群成为"忠孝节义"封建道德的完整表示。鲍淑芳在家乡同子鲍均做了许多"义"事，如修里社、筑堨堰、置义学、修道路、助婚葬等，不胜枚举，真正体现盐商致富后的义举。这座牌坊上两面皆书"乐善好施"四字，下刻"旌表诰授通奉大夫议叙盐运使司鲍淑芳同子即用员外郎鲍均"一排小字，是牌坊群中唯一出现"盐"字的牌坊。

5. 骢步亭

在牌坊群中，还有一座骢步亭，最早建于明隆庆年间。建亭者为时任贵州都匀知府鲍献书和侄子鲍元臣，原意是纪念西汉御史鲍宣而建。鲍宣一家祖孙三代俱为御史，直言敢谏。御史常乘青骢马出巡，路见不平可先斩后奏，亭因此而得名。明嘉靖年间，御史鲍象贤因直言朝政，曾遭贬黜。隆庆年间建此亭，实为纪念鲍象贤。此亭屡圮屡建，在乾隆嘉庆年间，鲍志道父子建立牌坊群时，采用上乘材料精心重建。亭四角攒尖式，亭角翼然上翘，下有风铎。亭顶四方形称官帽顶。亭东西两面有墙，上开门，门额隶书"骢步亭"三字，出自大书法家邓石如的手笔。亭内立有八柱，其中四根半隐于墙内。亭南北两侧有石凳，可供人休息。亭下有一半月形涵洞，引水注入亭下小溪。这座小亭子不仅为行人休息提供了方便，还起到画龙点睛的作用，使建筑空间显得生动、丰富，为牌坊群增色不少。

骢步亭

　　20世纪50年代，歙县棠樾村要修水库，在研究解决材料问题时，有人就提出了牌坊群那整齐硕大的石板、石柱，那自然是最好而又现成的石材。正当会议决定要拆时，也有人发表了不同意见，说青石太坚硬，无法凿开。最后以折中的办法拆去村西头另外两座白砂石牌坊。其实主张不拆的一方说出的理由也是搪塞之词，只是下意识地认为青石建造的牌坊群是一个完美的整体，就这样轻易地毁掉太可惜，于是保留了下来。然而以后谁也想不到此牌坊竟成了重要的文物。棠樾牌坊群1981年9月被列为省重点文物保护单位，1996年被列为全国重点文物保护单位，成为世界奇观。棠樾牌坊群也集中展示了徽州古建筑和雕塑上的艺术成就，置身其间，使人发思古之幽情，也为古代先人精湛的工艺所折服，使游览者流连忘返。

徽

州

第八章 棠樾的古民居

一、棠樾古民居的特色

走过七座牌坊、一座方亭、三座祠堂等建筑群组成的徽州最高规格的水口，就进入了棠樾古村。与雄伟宏大的牌坊群和祠堂相比，棠樾民居的外貌是恬淡而清秀的，有着独特的审美趣味。当你踏着青青的石板路走进村里，穿过几条小巷，再走进几户人家看看时，你会感觉到醇浓的文化气氛。棠樾古民居具有徽州古民居的一切特色，所不同的是棠樾古村无论是造园林还是造豪宅都是不计工本，只求最好，建筑石料全部采用产于浙江淳安茶园的青石，砖是特制专烧的大青砖，木料用的是本地最名贵的白果木、产自云贵的楠木甚至是南洋红木。民居特别宏大，如鲍志道父子建造的保艾堂有108间房、72个明堂、36个天井，是古徽州罕见的大屋。如果说棠樾的牌坊群是盐商文化的标志物，那么棠樾的古民居和其他徽派民居的最大不同就是体现出盐商文化的特点，它们是用银子堆起来的！

徽商作为一支重要的商帮，在国内首屈一指，徽商对徽派建筑影响很大。徽派民居在成型的过程中，受到独特的地理环境和人文观念的影响，显示出较鲜明的区域特色，在造型、功能、装饰、结体诸多方面自成一格，它集中地反映了徽州的山地特征、风水意愿和地域美饰倾向。

徽派民居外观整体性和美感很强，高墙封闭，马头翘角，墙线错落有致，黑瓦白墙，色彩典雅大方。徽派民居结体大多为多进院落式集居形式，一般坐北朝南、倚山面水，讲求风水理念。徽派民居布局以中轴线对称分列，面阔三间或五间，中为厅堂，两侧为室，厅堂前方称天井，采光通风，院落相套，造就出纵深自足型家族生存空间。

徽派民居的内部，大都建有前厅堂与后厅堂。前厅堂作为礼仪场所，是接待客人和日常活动的场所；后厅堂是为供养长辈和女人的活动场所，属于相对私密性的空间。民居中的厅堂，大多比较宽敞、明亮，且顶棚较高。厅堂中间上方悬挂金字堂名的匾额，堂名的字一般是当时的书法家、

高官甚至皇帝亲笔题写。进入大厅，正中照壁上垂挂的是大型画轴，画轴又称中堂，一般画的是山水、花鸟，或象征吉祥如意的福、禄、寿三星。画轴两边，往往垂挂出自名家书法的楹联。画轴之下，设有条案，条案长度和照壁宽度相同，厚度约为10厘米，常用的是质地坚韧的珍贵木材加工而成，大多非常沉重。条案前摆有八仙桌、八仙椅。所谓"八仙桌"实际上是一种用料精良的方形雕花木桌，"八仙椅"则通常是椅背上雕出神话传说中八仙所用的法器。通常在条案正中位置摆自鸣钟，钟的两侧为瓷器帽筒，帽筒左面摆有古瓷瓶，右边摆有精致的木雕底座镜子，古时称左为东，右为西，又叫"东瓶西镜"。东瓶西镜的摆设是有着很深内涵的，取的是瓶镜的谐音"平静"，体现了当时主人对生活环境的一种希望。对于那些丈夫在外经商的女人，这"平静"的含义是希望自己在外经商的亲人，在经营活动中，无论走东串西，全都风平浪静，平平安安。对于那些经营成功，回到家乡颐养天年的商人，"平静"的含义是从此过上平静的生活，没有竞争的紧迫感、危机感，世世代代无灾无祸、平平安安地生活。古民居中最让人感兴趣的陈设，是那些垂挂于厅堂上的楹联、格言。它们体现了主人在特定历史环境中的追求、向往，以及对人生的深刻体味和对自己及子孙后代的劝谕。如棠樾鲍忠济撰写的楹联："争死获俱生，慈能化盗；逢凶翻免祸，孝可格天。"又如休宁人大学士汪由敦撰写的楹联："忠厚传家有，诗书继世长。"

"天井"是徽派民居布局中的另一特色，也是徽派建筑的主要特征之一。天井是由正屋和高墙围合而成的面积很小的方形露天空间，具有通风、采光、排水和晴天家居活动等功能。这种设计使得屋内光线充足、空气流通。有一种说法是当初有财力建造精美宅居的人们，大多数是经商成功的商人，而经商之人以积聚为本，总怕财源外流，就造"天井"，使天降雨露、财气，落到房顶上后，汇聚于"天井"，然后顺着水势，流入屋内下水道，不至于流到别人的地上，附会"财源滚滚来"和"肥水不外流"的心理，俗称"四水归堂"。天井的设置无形中把人与自然衔接起来，将大自然融于屋中，足不出户，日月星辰、风雨雷电，都一览无余。另外还可以在天井里设置花坛、鱼缸，培植花木，摆放盆景。天井的多少也预示着房屋的大小。

设置在厅堂两侧的卧房，一般对称，大多比较狭小，且光线暗淡。卧房一般呈长方形，出于安全考虑，卧房大多没有向外开设的窗户，只有两扇朝着天井的花窗，供卧房采光、换气。

棠樾村的古民居分布在两条平行的街上，北边称前街，南边称后街，两街之间有六条巷子相连，路面皆用平整的青石板铺成。前街在元明时代就已经建成。清乾嘉年间鲍志道父子两代及其兄弟鲍启运等大盐商，他们输金于故里大兴土木，再次掀起村落建设的高潮，将棠樾村的发展推向鼎盛，在明代前街的基础上建成与之相平行的后街，形成村落两条主干道。前街现存的古建筑依次有明建世济桥、社屋坦明代民居、鲍氏始祖墓、掌书园、存爱堂、从心堂、天灯巷内的明代鲍鸣皋三宅、慈孝之门（鲍忠济宅）、鲍兴斋药铺，前街还有大方井、小圆井和私塾等。清代建的大型民宅多集中于后街，后街女祠南后有源头井、鲍启运所建遵训堂、鲍志道鲍漱芳父子所建的保艾堂、静修堂等大宅院。

二、棠樾前街的古民居

1. 社屋坦明代民居

民居为明代建筑，砖木结构，二层楼房，平面田字形，俗称"官升格"，开间 6 米，入深 8.6 米，坐北朝南，东北间为门厅，西北间为住房，东南间兼厨下，有楼梯通楼上。底层较矮，额枋月梁形，两端有丁头拱，上架密搁栅，承楼板。楼上隔断有芦苇墙、一板一枕等做法，梁架俱为穿斗式，瓜柱有明代特有的鹰嘴榫做法。前檐下有三跳插拱挑檐，可证现存面墙为后期改建所加。该宅为当时平民住宅，对研究徽州明代建筑具有特殊价值。此屋原是鲍家的老屋，抗战时期归毕德修所有。毕德修先生在抗战期间曾为驻棠樾的二十三集团军司令唐式遵鉴定字画古董，他自己收藏有鲍鸿的"龙山联语"刻本等文献资料。

2. 存爱堂

存爱堂（五世同堂）为孝子鲍灿之父居住的古宅，始建于明成化年前，现宅为清初重建。大门南向，三开间四进，宅后原附有家庙。厅堂原用楠木建造，用材硕大，现前三进保存完好。存爱堂大厅上正匾"存爱堂"三个大字赫然醒目。三进厢房。楼厅的明代木雕线条简洁，图案流畅，古朴大方。初春时节，后花园桃花含苞，生机盎然。

存爱堂的出名是由于两块匾：一块是"存爱堂"匾，另一块是"五世同堂"直匾。据鲍氏宗谱中韩忠著《存爱堂记》记载：孝子鲍灿在河南经商时，他的孝心为当时文人们折服，于是纷纷写诗、文颂赞他。鲍灿的孝行为明代藩王、封于汴京的周贤王所闻，赐给他"存爱"二字，于是鲍灿将这二字作为堂名。另一块给鲍集成妻黄氏的"五世同堂"直匾，是嘉庆皇帝为表彰她治家伦理有序、子孙绵延、五代同堂的事迹而恩赐的。

　　鲍集成也有以"存孝爱人"闻名于世的身世。他幼年不幸父亲去世，依靠祖父供养长大成人。当祖父患上了胲下疽时（在当时是比较难治的病），鲍集成以治儒之力来治医学，成为精通疡科的医生后，"以事亲之心济人，视人之患如己患"。四十年来，鲍集成积累了丰富的医案和验方，著有《疮疡经验》一书。盐商鲍漱芳捐出银子，印刷此书，作为善书赠送给需要的人。在鲍漱芳资助的基础上，鲍集成在绩溪和歙县两地开设了"文林堂"书店，除了印制医药类善书外，还印制《三、百、千》一类启蒙书，赠送给穷苦人家的儿童使用，让爱心永存。

存爱堂

3. 从心堂（下新屋）

　　从心堂（下新屋）为清嘉庆十一年（1806）建，是存爱堂分建的新厅堂。清朝乾隆后期，存爱堂人丁兴旺，鲍景龄、文龄、元龄三兄弟相商另起居宅，其父鲍学栋于嘉庆十一年在存爱堂的斜对面新建一幢楼房，取名"从心堂"。"从心"，是希望后人齐心合力，促使家族兴旺。厅堂大门为精美的砖雕门罩，上刻琴、棋、书、画等博古图及八仙图案。厅三开间，四合式，堂前有天井。道光年间的房主鲍凤岐，道光己亥（1839）举人，咸安宫教习。儿子鲍吉初曾任福建的知县，因他们在外为官，将该屋委托鲍伦煌代管。清末从心堂的宅主是鲍伦煌的后孙鲍鸿。鲍鸿，字雪汀，清末举人，工诗，善书法，擅长作楹联，著有《龙山吟稿》一卷、《忆菊》一卷、《龙山联语》两卷，他作的楹联记录了棠樾村清末民初的许多史料。

4. 天灯巷鲍佣仪三宅

天灯巷鲍佣仪三宅位于天灯巷内。此宅原是明代中晚期建造的三开间五进的大宅，前三进在乾隆年间重建，第一进大厅和第二进三合式住宅在太平天国时期毁于兵燹。保存下来的后三进土改前为鲍鸣皋宅，土改时将三宅分给贫下中农，现在是程遂林、毕顺生、江忠来的私宅。此房屋分为三座三合式住宅，前宅为清代建筑，后二宅为明代中、晚期建筑，各宅前后相通，每进三开间二层，架构简洁，不事雕饰。中宅（今程遂林宅）建于明代中叶，有明式砖雕门罩，宅内丁头拱，柱状柱础，砖制落水管、天沟等构件，制作尤为精美，是村内早期明宅的典型实例。据考证，在现在洪毅成住房的房基处，是这一大宅院的大厅和二进住宅旧址，清咸丰年间毁于战火。

5. 慎德堂

慎德堂即"慈孝之门"。该宅原为宋末鲍宗岩古宅的后厅，门屋曾悬"慈孝之门"匾额。宅原临前街，内有花园，现存"慎德堂"为清代建，前部建筑已毁，内存两进，主体朝南，大门东向，门框石料用黟县青制作，门罩砖雕精致，室内装饰考究。宅主人为盐务总商鲍志道后人。

6. 鲍兴斋药铺

太平天国战争后丰南吴爵之在棠樾前街开过吴兴斋中药铺，历经四十余年。清宣统元年（1909）吴爵之夫妇去世后，因儿子吴仲坚年仅13岁，转让给鲍氏经营，改名鲍兴斋药铺。药铺早已歇业，店面改为民居。

三、棠樾后街的古民居

1. 遵训堂

遵训堂于清嘉庆年间建，为清两淮盐运总商鲍志道之弟鲍启运故宅。主屋已倒塌，尚存偏厅"存养山房"和书屋"欣所遇斋"。此屋为两进三开间，中有巨型漏窗，通面宽8米，几乎与屋的宽度相等，整个漏窗保存完好，通明剔透，实属国内罕见。遵训堂以漏窗为界分为南、北两部分，南为"欣所遇斋"，北为"存养山房"，总占地面积418.8平方米，皆为二层楼房。书斋三开间，楼下为厅，匾额为清书法家胡长庚篆书。山房亦为三开间，前有较宽敞的庭院，东边有过厢，可与书斋相通，匾额为清书法家王文治所题。书屋正面挂着中堂（鲍启运画像）、对联，上方摆着明代的八仙桌、椅子，条桌上照例是寓意"终身平静"的东瓶西镜、自鸣钟。

书斋与天井之间设一排镂花的隔扇门，右侧门上镶着《鲍氏五伦述》镜片画，向你诉说着鲍氏忠、孝、节、义的故事，与村头的牌坊群有异曲同工之美。回廊的橱内井井有条地陈列着昔日徽州人家常用的生产生活用具，顶端是徽商当铺的金字招牌，金粉剥落了的"当"字依然醒目。厅堂及回廊的墙上挂满苏轼、朱熹、米芾、董其昌等历代书法名家的手迹石刻拓片。庭院及天井里的花卉盆景沐浴着秋雨，更加鲜艳夺目。古宅里真乃朝霞墨飘香，这就是棠樾村的"欣所遇斋"陈列馆。现为鲍启运的直系后裔鲍树民的居所。他是歙县博物馆的退休干部，生于斯，长于斯，了解鲍氏家族的来龙去脉，讲起来如数家珍。他受家庭的熏陶，擅长笔墨丹青，识文物古董。走进他家，我们会感到与前面那些空空荡荡、寂寞阴冷的古宅截然不同。看得出来，鲍树民先生为了保护古宅和文物不致湮没，颇费心血，经他搜集、整理、精心装点，使祖上的老屋像一卷精装的古籍，让人隐隐约约地闻到一股悠远的书卷味。

遵训堂巨型漏窗

2. 保艾堂

棠樾的民宅中，最豪华的首推保艾堂。保艾堂是清嘉庆初年两淮盐务总商鲍志道、鲍漱芳父子所建，是古徽州罕见的大屋，有108间房，36个天井，72个明堂，按易经八卦方位，避凶就吉组合而成。贯通大屋前后的巷弄直通花园。大屋中的白果厅、楠木厅、红木厅和安素轩书斋是全屋构筑装饰的重点，宏丽轩敞，陈设典雅，著名的《安素轩法帖》就藏于此。建造和装饰所花费的白银，就像落入天井的雨水一样无法计算。如今此屋只能从外观马头墙跌宕起伏的轮廓和废墟的痕迹上，隐约看出原先建筑的恢宏。现存保艾堂白果厅为原三座大厅之一，该厅北向，三开间，厅前、左、右有回廊，中为天井，占地面积178.6平方米，大门外有宽敞的庭院，堂西有避火弄，将建筑群分为两部分。大厅悉用银杏木料，用材不大但典雅精致。保艾堂曾有"安素轩"书斋，因刻"安素轩法帖"而闻名于世。

保艾堂防火巷

3. 静修堂

静修堂是清嘉庆年间鲍漱芳所建，为三开间四合式二层楼房，大门朝东，有砖雕门罩，门前有一青石板铺就的小院，幽雅宽绰。小院与一南北向高深大巷相连，院南端有高台阶通后街，巷北端临前街。巷两边原有房十四间、天井七个。静修堂是棠樾保存完好的仅有的两座白果厅之一。

4. 是政堂

是政堂为鲍志道的堂侄鲍琮所建。鲍琮孝友敦厚，性格直爽，善于营建和管理策划，得到鲍志道的信任。当时，鲍志道在扬州业盐，族中敦本堂、世孝祠、文会、书院的兴修以及义田的购置、管理等事务全部托付鲍琮。由于当时族内这些公众大事都是在鲍琮居住的厅屋进行，所以堂名取"是政"二字。是政堂的大厅西向，它的左、右两面都建有斋、轩等小巧建筑，后建有花坛、苗圃、鱼池等，是一处有文化品位的园墅式民居。

除了这些幸存的古民居外，棠樾还存在大量的古建筑遗址。太平天国战争期间，徽州的大家族组织团练，经常把宗祠、寺庙等大型建筑作为指挥所或驻地，太平军在战争中往往将这类的房屋烧毁，而有些祠堂和古民居则因作为太平军的驻地而得以幸免。

5. 诚孝堂

诚孝堂原址在前街，是祀明代孝子鲍灿的家祠，俗名老屋厅。

6. 光德堂

光德堂原址在后街，是清乾嘉时期鲍辑玉所建。

7. 延裕堂

堂匾为鲍书芸幼年所书，咸丰年间，后代鲍任衡主办团练劳务，咸丰十年（1860）农历八月二十四日夜，太平军捣毁这座房屋。

8. 耕礼堂

清道光癸未进士编修鲍粹然的祖居，咸丰十年（1860）农历八月，太平军捣毁这座房屋。

9. 存诚堂

存诚堂原址在后街，是清乾嘉时期鲍量功所建。与翰林祠相对，咸丰十年（1860）农历八月，太平军烧毁这座房屋。

第九章 棠樾的徽州文化遗存

一、棠樾鲍氏盐商和《安素轩法帖》

棠樾鲍氏盐商业盐致富后，将大量资金投入文化事业，对促进徽州和经营地的文化事业发展，起了相当大的推动作用。鲍志道在扬州筑有"西园"，据李斗的《扬州画舫录》记载：广西某知县刘大观，工诗善画，过扬州尝游鲍氏西园，赠鲍志道以画，对人说，"杭州以湖山胜，苏州以市肆胜，扬州以园亭胜，三者鼎峙，不可轩轾"，可见鲍氏西园是很壮观的。鲍志道除筑鲍氏西园外，还筑藏书楼，收藏名人法帖，如《安素轩法帖》，名闻海内。扬州的"鲍氏西园"和歙县长龄桥郑氏的"休园"、岑山渡程氏的"筱园"、祁门马氏的"小玲珑山馆"等徽州盐商的园林同称诗文胜地，又同时以收藏丰富而著称。

清乾隆皇帝诏修《四库全书》，征采天下遗书，时浙江进呈藏书为全国之冠，其中仅鲍廷博"知不足斋"所献即达626种，为浙江私家藏书之首。又有统计当时全国献书最多的四家为扬州马振伯（马曰琯之子）、浙江宁波"天一阁"范懋柱、杭州鲍廷博和汪启淑。除"天一阁"范氏外，其余三家都是徽州盐商家族。鲍廷博原是歙县西乡长塘人，祖上经营浙盐致富，他父亲鲍思诩娶杭州顾氏为妻，遂移家杭州。鲍思诩性嗜读书，并略有藏书。鲍廷博又力购古人之书乃筑室藏书楼为"知不足斋"，后以家藏秘本刊刻《知不足斋丛书》，他认为"唯有多刊善本，公诸海内，使承学之士，得所观摩"。鲍廷博去世后，其子鲍士恭续刊，今存三十二集，众多秘册孤编赖以传世。

鲍志道的藏书不能与上述的三家徽州盐商家族相比，但他收藏的名人书法丛帖《安素轩法帖》与藏于新安碑园的《余清斋帖》《清鉴堂帖》并称歙县三大书法丛帖。

"鲍氏安素轩"是两淮盐务总商鲍志道的书斋。清乾嘉时期，鲍氏在扬州建西园别墅，广交文彦，罗致文物亦蔚为大观，其中有稀世的唐、

宋、元、明各大家法书真迹和宋拓法帖几十件。清嘉庆四年（1799），鲍志道的儿子盐务总商鲍漱芳从珍藏的历代名家书法中精选出一批，经鉴定评跋，汇为《安素轩法帖》12 卷，延请扬州著名刻工党锡龄钩摹上石，事半而殁。其子鲍均兄弟继之，于道光九年（1829）夏告成，费时三十载。《安素轩法帖》包括唐代 8 册、宋代 22 册、元代 23 册、明代 8 册，集著名书家作品 50 多件。其中小楷部分尤精，如唐代钟绍京小楷《郁单越经》《七宝转轮王经》，唐人小楷《妙法莲华经》，唐人临《兰亭序》，李北海楷书《诸葛孔明出师表》《和上碑》，唐人小楷《心经》；宋代苏东坡行书《书札》，黄庭坚行书《书札》，米芾小楷《千字文》《宋宗室崇国公墓志铭》，宋徽宗和宋高宗临《兰亭序》，岳飞行书《奏札》；元代赵子昂行书《洛神赋》《赤壁赋》、小楷《急就章》，释中峰《金刚般若波罗蜜经》；明代文徵明《道德经》，祝枝山小楷《四十二章经》，董其昌小楷《妙法莲华经》等均为传世精品，堪称集小楷大成之丛帖。《安素轩法帖》本身汇集的鲍氏藏珍既精且博，党氏镌刻又能传达墨迹神韵，该丛帖是清后期一部著名的丛帖，在书法界很受推崇，影响颇为深广。

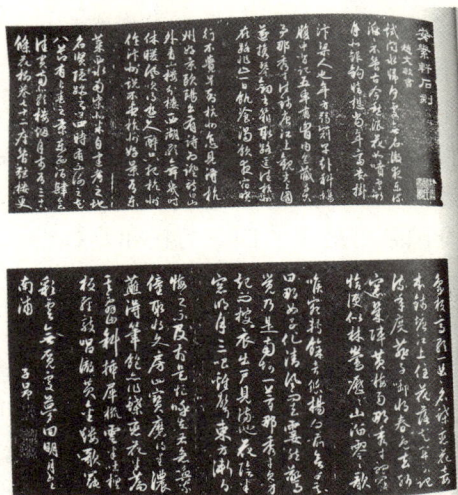

安素轩帖

《安素轩法帖》能保存至今，鲍志道的后人功不可没，其中有居住在江苏的鲍娄先和安徽的鲍训初、鲍训经。据《歙县志》记载：鲍娄先（1874—1958），原名曲襄，又名奎，号星南，别号南湄散人，艺名娄先，居扬州。他 17 岁获县试第一名，武汉师范学堂毕业，任扬州两淮中学、江苏省立第八中学等校国文、国画教员；后往上海盐商周扶九家坐馆，得与吴昌硕、王一亭等交往。他擅长画花果、古藤、枯树，用笔苍劲有力，厚重渊雅。抗战期间，他深居简出，"宁可在家饿死，也不去捧鬼子的饭碗"，是有气节的爱国画家。日军驻扬州总司令天谷要他画一幅《百桃图》并题上"天谷将军教正"，他却作枯树一株，上结干瘪毛桃两个，题款用狂草将"天谷"二字连写，看似"天哭"，吓得伪维持会会长不敢转送。他曾是中国美术家协会会员、江苏省国画院画师和文史馆馆员，著有《诗经释义》《学画心得》等书。新中国成立后，鲍娄先将祖辈刻藏的《安素轩法帖》石刻近200方捐献给扬州博物馆，成为扬州市博物馆的镇馆之宝。1981年鲍志道的后裔鲍训初、鲍训经姐弟俩，将家中秘藏的《安素轩法帖》早期拓本，捐献给安徽省博物馆，使安徽人可在省内见到这一名帖。

　　歙县三大法帖的另外两帖也是歙县西乡盐商收藏历代名人书法精品的汇集。《余清斋帖》是西溪南吴氏盐商家的收藏品汇集而成。明代西溪南吴氏盐商、收藏家吴庭收藏晋、唐名家墨本甚丰，经当时大画家董其昌、陈继儒鉴定评判，并请邑人、名书画家杨明时双钩上石，将其所藏书法名作汇刻成《余清斋帖》。这套丛帖刻自明万历二十四年（1596），由董其昌题签，分正篇六册，续篇两册，选了王羲之、王献之、孙过庭、颜真卿、苏轼、米芾、东方朔、谢太傅等十多位大家的珍品。明天启年间"黄山大狱"后这批书法精品的原件都进入皇宫，到清代乾隆皇帝建《三希堂》，收藏的法书有近半数出自西溪南吴氏盐商家。明拓《余清斋帖》现存世稀少，而《余清斋帖》刻石的保护又是岩镇鲍氏的功劳。据鲍弘德先生回忆，1916年前后，其祖父鲍蔚文在岩寺镇故里构建"退庐"，从西溪南吴氏宗祠中购得《余清斋帖》刻石数十方，珍藏于新宅之"息骢轩"中。1962年，安徽省博物馆葛介屏先生发现岩寺鲍氏所藏《余清斋帖》刻石，在鲍宅进行捶拓，竣工后送给歙县文管部门该帖新拓本二套。同年歙县文化部门将该帖刻石收藏在太白楼，即新安碑园的前身。新安碑园现存《余清斋帖》共六十一块碑面。

　　《清鉴堂帖》问世稍晚，刻于明崇祯七年（1634），是西溪南对河莘墟吴氏另一支盐商、著名收藏家吴桢收藏并汇刻。吴桢祖上名士辈出：吴翰章，"成化甲辰进士，官御有声"；吴宁，字永青，明宣德五年（1430）进士，授兵部武库司主事，正统（1436—1449）中迁职方郎中，后被于谦荐为兵部右侍郎，景泰改元（1450），告归不复出。后代进入盐商行列，到吴桢这一代，其家富埒王侯，收藏法书名画不计其数。《清鉴堂帖》也经

董其昌、陈继儒评判。新安碑园中现存一百零三块原碑面，收有从晋到明二十四位名家的三十一件作品，有王羲之、虞世南、褚遂良、欧阳询、怀素、黄庭坚、米芾、赵孟頫、鲜于枢、董其昌等人手迹，集诸家之精华，呈各派之风格，甚为后人所重。

　　碑帖是石刻中的一种形制，历史悠久，中华书法艺术的传播继承与发扬光大得力于碑刻文化。由于北方地区长期处在政治、文化中心，所以古碑多集中在黄河流域。尔后，江南崇儒尚理，文风昌盛，法书刻帖尤为雅士器重，盛极一时。古碑刻石与古帖刻石是石刻书法的两大派系，书法界故有了"北碑南帖"之说。歙县三大书法丛帖全出自歙县西乡的盐商家族，这也是徽州盐商对文化事业做出的贡献之一。

二、鲍集成、鲍漱芳和《疮疡经验》

　　在中华医药史上声名远播的新安医学，自宋以来涌现出 950 多位医家和通医者、800 多部呕心沥血而写成的医著，集中代表了徽州文化的精华。新安医学家大多由儒而医，认定"医以济众，功被乡国"，差不多都有高尚的人文理性追求，其医德高、医术精。为了救治百姓、奉献社会，他们广泛地拜师学习，努力攻克危害民众的各类疑难杂症。棠樾鲍氏的先人也有这类的儒医者，棠樾鲍氏对新安医学也做出了一定的贡献。

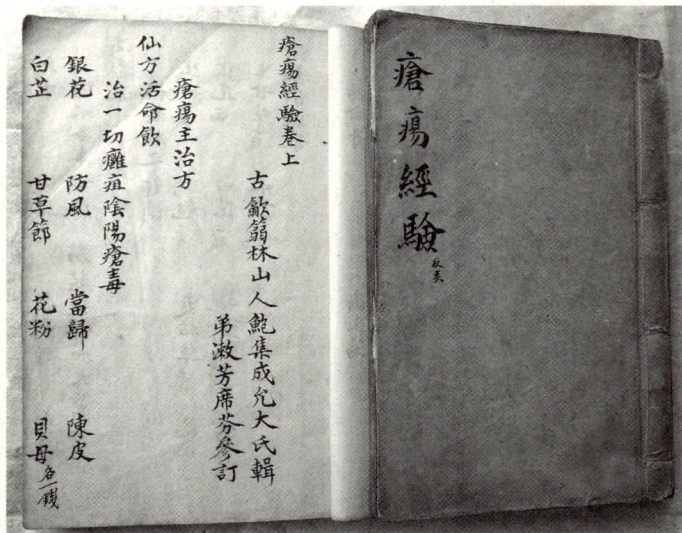

鲍集成《疮疡经验》书影

元代蒙古翰林鲍同仁（1298—1374），至正九年（1347）受敕封父母后就辞官回归筑室娱亲。他旁通针砭之术，凡四末受邪、痈、疽、聘、眩，治无不中。有《通玄指要》等二赋注及《经验针法》等医学专著传世。

鲍寿孙的次子鲍鲁卿（1281—1359），字景曾，出生时就先天孱弱，到了九岁才能走路。但是，他在智力方面却颖悟过人，酷爱读书，手不释卷；除精通儒学外，对天文地理方术也能触类旁通。他少年时候由于误服丹药，形成痼疾，因此留心医书。经过学习钻研后，他知道脉络之受病，药性之寒温，自己制剂服用后，疾去八九分，并且益寿延年，享有七十九岁高寿。

鲍鲁卿的儿子鲍元康（1309—1352），字仲安，自少时就好问读书，有成业。年长时除却儒学经典之外，他对诸子百家、孙子兵法、山经地志、岐黄医书、延年益寿的学术无不研究。鲍元康对社会救济慈善事业也是尽全力而为，他还想置药局，储备日常用药，用来救治穷人，由于响应的人少，经费不足没有成功，成为他的一大遗憾。

明后期的鲍士彦（1561—1641），他先是学习薛立斋医学，后来精通中医。他的堂兄得了当时认为是不治之症的痨病，他把病人接到自己的房间里，悉心医护，直至痊愈。

盐商鲍漱芳的从兄鲍集成根据自己医治疮痈和溃疡的经验，编著《疮疡经验》一书。鲍漱芳亲自校订，并为此书写有序言，书成后又捐资出版。《疮疡经验》中鲍集成的自序讲到自己的身世：幼年不幸父亲去世，依靠祖父供养长大成人。祖父患上了胲下疮（估计是现代医学上的淋巴结核），在当时是比较难治的病。请了几位医生来医治，各位医生对此种病的医治手段不一致，下的药也各不相同，但没有一剂药是对症的。眼看祖父的病情日益严重，鲍集成的母亲只好采取了焚香祷告上天，割自己大腿上的肉给自己的公爹进食以治此顽症。也许是心诚而获得神灵保佑，祖父的病竟得以痊愈。于是鲍集成以治儒之力来治医学，他在乡试没有考取举人之后，就专门研究医学，尤其注重研究当时多发的疮疡外科。鲍集成自从医后，尤留心于古方秘方的搜求研探，向沉疴痼疾发起攻击，曾专门到一山之隔的浙江遂安，向精于疮疡外科的民间医生学习。经过辨证识药性，虚心学习三年，学成以后，他返回家乡棠樾。在治病时，遇到一些沉疴痼疾，他废寝忘食地研究致病的原因，先将药在自己身上做临床试验，有效的就用在患者身上，有了心得后便记下医案。他这样好学不倦，治好了许多奇症怪病，为患者解除了痛苦。同时，他遍览各种医书和民间的偏

方，"以方印心，以心印症"。对于上门求医者，鲍集成"以事亲之心济人，视人之患如己患"，是有崇高医德、高超医术的徽州儒医。他给人治病时，凡贫苦人家一概免费施药；有的病人需贵重药物而又无力购买，他也慷慨为之置办，弄得自己贫困，不但一点不后悔，反而为救治了许多人而高兴。此事为两淮总商鲍集成的族弟鲍漱芳知道后，捐出巨款，专为资助这类贫穷的患者治病所用。鲍集成治病不收钱的事远近闻名后，浙江和安徽两地上门求医者络绎不绝。鲍集成积累了四十年从医的丰富的医案和验方，编成《疮疡经验》一书，以手抄本的形式在小范围流传。鲍漱芳知道后认为，四十年的经验所得，岂可让它埋没，应让它使大多数人受益，于是捐出银子，让《疮疡经验》一书印刷，作为善书赠送给需要的人。

在鲍漱芳资助的基础上，鲍集成在绩溪和歙县两地开设了"文林堂"书店，这是一种前店后坊的书店，除了印制《疮疡经验》一类医药类善书外，还印制《三字经》《百家姓》《千字文》一类启蒙书，赠送给穷苦人家的儿童使用。

三、鲍鸿的《楹联汇稿》和西乡逸事

棠樾村古民居中的"从心堂"，清末宅主是鲍鸿。鲍鸿，字雪汀，清末举人，工诗，善书法，擅长作楹联，著有《龙山吟稿》一卷、《忆菊吟》一卷、《龙山联语》两卷。

笔者收藏的《忆菊吟》一册，光绪庚子（1900）锡成印刷公司代印。梅村的江蓉楂喜种各类名贵菊花，相约鲍鸿分种数十种，己亥年秋，两家园中的菊花五光十色，鲍鸿共赋七绝五十首，编成《菊花吟》。歙县西乡有种菊赏菊的历史，这种习俗一直延续至今，改革开放后在岩镇年年金秋时节举行菊展，后来借此菊展办成了金秋商品交易会。

笔者还收藏有鲍鸿《楹联汇稿》手抄本一册，是鲍鸿在辛亥革命前后为歙县西乡的庆吊、社戏所作楹联汇集，大部分楹联前有引言。主要涉及棠樾本村和鲍氏本族、岩镇族鲍氏和保安胜会社戏等戏台楹联。

1. 棠樾本里和鲍氏本派庆吊类楹联（摘录）

（1）蕃村祠联

引言：蕃村由棠樾分派。歙族始祖荣公为南宋文学，追元末族祖宗岩、寿松两公遇贼，父子争殁，贼两释之。明永乐旌其门，于是始号"慈孝里"，蕃村悉仍之：

卓哉文学家历南渡泊今但使宅尔宅田尔田服德食畤既是元宗肖子

肺然慈孝裔移北源表里各因亲其亲长其长重规叠矩允为治世良民

此楹联简明地刻画出棠樾鲍氏的源流和"慈孝里"的得名缘由。

（2）贺绍庭侄令子荐臣举贤书有跋

引言：绍庭老咸台家嗣荐臣领癸卯（1903）乡荐，回溯达夫兄己未（1859）乡魁实补行乙卯（1855），而君以丁卯（1867）继之，惠人侄于己卯（1879）登北榜，愚于辛卯（1891）忝列南榜，四十五年累累如贯珠，亦族中盛事也！书此志喜，君其掀髯一笑乎：

氏族千丁奕叶芸编频鹊起

科名五卯榜花桂府幸蝉联

　　鲍鸿的堂兄鲍达夫是咸丰己未（1859）科举人，是补行咸丰乙卯（1855）因太平天国战争中断的乡试；鲍达夫的儿子鲍绍庭是同治丁卯（1867）科举人；鲍绍庭的儿子荐臣考取光绪癸卯（1903）科举人。鲍鸿自己是光绪辛卯（1891）南榜举人；加上鲍惠人登光绪己卯（1879）北榜举人，四十五年间，棠樾鲍氏考取五个举人，是一很了不得的奇迹，更巧的都是卯年中举，所以有"科名五卯"的联语。这是棠樾鲍氏"学而优则仕"的最后的辉煌，也是中国科举制度尾声，因为光绪癸卯（1903）科乡试是江南两省最后一次乡试，两年后的光绪三十一年（1905年）是最后一次进士考试，历经1300年的科举制度就此终结。

（3）挽绍庭族侄

引言：绍庭为吾宗名宿，橐笔幕游足寄半天下，长子举孝廉；次子举秀才，岁试列前茅矣：

君以客为家郑当时千里不斋粮画稿吟笺到处才人争把臂

我寓贺于吊韦长衍一经能教子芹宫桂府年来哲嗣各蜚声

（旁注：汉代郑当时年少，所交者皆大父行）

（4）挽家蔚深之母许氏

引言：殁于正月五日，时余丁母忧未百日也：

慈范藐云车并五日屠苏空望椒花延寿算

悲怀触风木一般血泪难将萱草续春晖

　　丁母忧就是有功名的人母亲去世，要从官场退出守孝，鲍鸿的母亲丁酉年（1897）去世，此联写作时间基本确定。

（5）寿邻翁乡饮介宾鲍有元六十

引言：余子女皆寄其膝下，盖所谓干阿奶者：

男寄名女寄名如此比邻可算通家敦燕好

逢六艳进六艳待君上寿再来祝嘏看鸿文

2. 为吴爵之家和周如意而作

（1）挽吴君展如之祖母

引言：溪南十二楼，名园也，为吴养春所建，初见邑志，乱后故址犹存，近为展如有，每言及窃艳之：

与文州几度倾谈最乐听十二琼楼水木清华新得地

痛阿母八旬示寂想此去三千瑶岛香花供养定升天

（2）挽吴爵之夫人

引言：时武汉兵事（指辛亥革命）方炽：

鼓鼙江上鹤唳风去示寂谢红尘转觉宣父真有福

儿女灯前花愁露泣悼亡搔白首可怜潘岳太无聊

（3）挽吴爵之中表

引言：爵之设药肆于棠樾四十年，遂家焉。子仅舞勺之年，前失恃，今又丧父，可怨也！

父望子成龙到今朝六尺遗孤叠见椿萱虚美荫

人传公化鹤问何事一壶妙药不留浸术起沉疴

《礼记·内则》曰："十有三年学乐诵诗舞勺"。舞勺之年指的是男孩子13岁期间。吴爵之夫妇去世后，儿子吴仲坚才13岁，因此将药铺转让给鲍氏，改名为鲍兴斋药铺。吴仲坚生有二男三女，长孙女吴敏华就是笔者舅妈。

（4）挽周如意司联

引言：如意司业灯笼工艺一无两传，与余居对门，病死其妻哭之甚哀：

邻丧里殡自古关心，况闻哭泣霄奇于我戚戚

纸剪筠裁冠时高手，能从黑暗世界使人昭昭

棠樾鲍氏元宵祠祭仪式规定不许僧道张挂祈祷、演戏还愿，促进了棠樾村纸扎彩灯工艺的发展。棠樾村周如意的纸扎工艺精细，花样繁多，如各祠前的广场上悬挂的大型龙凤呈祥、水漫金山、武松打虎、大闹天宫等折子戏彩灯场面浩大。还有众多的走马灯在六面的灯面上，画上戏剧人

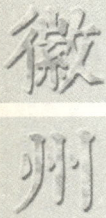

物、飞禽走兽、花卉山水，并请本村的文人间书各体灯谜，猜中有奖，引来众人参观。前后街各户定制的各种花灯，更是形形色色，名目繁多，如狮子滚球、鲤鱼跳龙门、丹凤朝阳、八仙过海、骏马轻骑等，其制作结构复杂，用料考究，非一般扎灯艺人所能胜任。可惜周如意病逝，引来鲍鸿的悲恸和这副挽联。

3. 为鲍蔚文家而作

岩镇族鲍氏后裔鲍蔚文清末做过江苏的县令，鲍鸿和他交往较深，此抄本中几则楹联是专为他家而作。

（1）寿鲍蔚文大令母氏余六十

引言：蔚文以廪贡纳粟得县令分发江苏：

唯吾宗瓮水承家即今攀悦书祥画锦春晖西母桃花三月艳

有哲嗣吴山捧檄此后板舆迎养官箴慈训南州棠荫万民欢

岩镇族鲍氏是棠樾鲍氏三族之一，岩镇族十四世鲍道明出任过棠樾鲍氏三族中的最高官员——明代南京户部尚书，清末岩镇鲍蔚文做过江苏的县令，鲍氏岩镇族裔孙的仕途腾达，被认为是在祖宗的德政荫蔽之下的结果，也是三族引为光宗耀祖的标志。

（2）挽蔚文之伯母

引言：伯母抚蔚文最有恩：

视犹子如所生当年保赤诚求闻说恩勤同鞠育

以冢孙承其嗣此后飞黄腾达定歌碑碣表松筠

民国五年（1916）前后，鲍蔚文在岩寺镇故里构建"遐庐"，从吴氏祠中购得《余清斋帖》刻石数十方，珍藏于新宅之"息骢轩"中。主屋上梁吉日鲍鸿作"竖柱梁联"，又为庭院中茅亭拟联以备用。

（3）竖柱梁联

敝庐前为店，年久残损，推翻而建设焉，工师请粘吉语于柱上，书此付之：

仁人之安宅也

敝予又改造兮

（4）为"遐庐"拟茅亭联

远山怯屏近水萦带

花影夜宿苔纹画滋

观濠上鱼无子我非乐

寻蕉下鹿任梦觅皆痴

4. 为附近村子社戏所作戏台楹联

为了庆祝丰收，每年秋收以后，歙县西乡各村都要举行一次"保安胜会"，演戏酬谢唐朝"安史之乱"中以身殉国的张巡、许远两位神灵，保一方平安，祈求来年丰收。清末民初时期，以岩镇为中心的七十二保的保安胜会演戏，从大埠头开始，轮流演至绣衣里结束，所以大埠头称开门保，绣衣里称关门保。传说农历正月初九是泰伯的生日，歙县岩镇的"上九"庙会就是纪念吴姓的得姓始祖泰伯而起；又相传农历正月初九是张巡、许远的死难日。自宋代开始，岩镇当地及西乡各村村民每年都在这天"赶上九"，举行大型游神赛灯、上演酬神戏等纪念活动，沿袭近千年。

除了这两大胜会外，其他的还有一些酬神演戏，经常请鲍鸿为戏台创作楹联。由于歙县西乡文风昌盛，戏台联成为人们欣赏和品评对象之一，鲍鸿趁机把自己对辛亥革命前后的政治态度融入这些楹联的词句和引言中，这基本代表了当时旧知识分子的观点和立场，现摘录部分供方家参考。

（1）大埠头戏台联

引言：岩镇保安会以大埠头始，以绣衣里止，年例然也，故谚谓之开门、关门云：

通街七十二保相传由此处开门整顿旧规模发皇新气象

历史四千余年不过是逢场作戏请从孟夏月同看长春班

（2）绣衣里戏台联

引言：岩镇绣衣里向于八月朔酬神演戏谓之关门保：

一花一世界谱成一部笙歌从今一保关门旧历仍循八月一

三藐三菩提联到三圆神会恰值三农纳稼大家都庆九年三

引言：又"合春"劣班也，自知其劣而认真求好，故观者称焉，次年仍演，联以解嘲：

忆上年演剧看官皆蜂拥而来仍请合春班好丑由他且敷衍眼光几许

待下庙告成戏路便蝉联相接每从仲秋朔游观到此再品评角色如何

徽州盐商富甲一方，商业的成功引发了文化消费欲望的高涨。随着社会经济的发展和戏曲声腔昆山腔的兴起，他们纷纷蓄养家班，角色斗艺。长期为某个徽州盐商所养所用的戏曲班社就被外人称为"徽班"。清代嘉庆道光年间徽州盐商衰落后，"徽班"走向社会，清末民初，歙县有不少徽剧戏班，这里"长春""合春"和之后的"老庆升""新庆升""新长春""庆共和"都是。徽剧戏班分两种，一种是正式的班子，一种是临时组合的班子，俗称"劣班"，可见徽剧在当时的盛况。

（3）郑村对台演戏戏台联

> 剧场变幻古今往来把中朝历史作唱歌任诸君左顾右盼
> 世界竞争优胜劣汰借两座舞台为代表要大家动魄惊心

> 歌舞登台两部管弦贞白里
> 鸡豚报赛一龛香为令君祠

（4）郑村修祠理主戏台联

> 作乐崇德振古如兹斯陶斯咏斯犹洋洋乎荐上帝配祖考
> 入庙若虔自今以始公子公姓公族诜诜兮酌允铄肴乐胥

棠樾鲍氏祖先鲍象贤在明代隆庆年间制定的祠祭仪式就规定不许僧道张挂祈祷、演戏还愿。清代鲍志道虽是巨富盐商，但生活勤俭，重礼好义，同时遵循家中不演戏剧的祖训，祭祖是不请戏班做戏的。但并不妨碍村民对邻村庙会中的演戏的热衷，特别是近在咫尺郑村演戏，莫不扶老携幼去观看。郑村又称贞白里，因村中立有贞白里坊而得名。贞白里坊建于元末，表彰元代里人郑千龄、郑安、郑玉祖孙三代所到之处，都以清正廉明闻名乡里，乡间百姓称他们为"贞白先生"，并建坊以倡导民风。清代郑氏家族主要形成南园和西园两支，两支后裔在郑氏宗祠前演戏往往各请一戏班在两座舞台上演出对台演。对台戏也称打对台或打擂台，指水平不相上下的两个徽剧班子，在同一时间演出相同或相近的剧目，一争高低。这种竞争形式，也促进了徽剧技艺的创新和提高。1916 年，郑氏宗祠重修，整理各支木主（俗称祖宗牌），又一次演戏酬祖。

（5）岩镇庆祝立宪戏台联

引言：熙宁变法宋祚其衰，清议宪清社将屋矣！而一般好事者犹兴高采烈，演戏以张之，姑为联以嘻其意：

> 穷则变变则通通则久唉圣时宪可与立
> 乐斯陶陶斯咏咏斯犹乃赓载歌发于步

1908 年清政府颁布的中国历史上第一部宪法性文件，共计 23 条，由

"君上大权"和"臣民权利义务"两部分构成。宪政编查馆参照1889年《日本帝国宪法》而制定，删去了日本宪法中限制君权的有关条款，充分体现了"大权统于朝廷"的立法旨意。这引起反清义士的不满、守旧派的担心。鲍鸿作为清代的举人是站在后者的立场上的，认为立宪变法是清朝衰败的起始，不意竟成事实。

（6）上渡桥戏台联

引言：岩镇对河保安会傩而不戏垂六十年矣，庚戌（1910）七月，居民江若徐有志复旧，毅然输巨资选新庆升一部以张之豪举也。台脸如据江上游会。始初五，讫初七，盖立秋后一日云：

豆棚瓜架报昨宵爽籁西来秋到乐陶陶要破除七夕清寥使织女解颐牛郎鼓掌

铁板铜琶唱一出大江东去曲终人落落为指点数峰隐约看潜虬拥翠天马横青

此联作于辛亥革命前一年，徽州的时局平静。岩镇上渡桥保安胜会从太平天国战争到1910年之前都是"傩而不戏"，即只用傩舞酬神。这种民间风俗史不见于任何记载，难能可贵。

（7）庆祝光复戏台联

引言：光复后谈新政色飞目舞，士皆如锥之处囊。然权利所在，怨谤随之，克终者鲜矣！联以致惊：

诸君小住为佳看近来刻意求新今年说比去年好
世事大都如此要做到齐家喝彩出台方识进台难

争片刻眼光赖有此移步换形优孟衣冠新样好
想个中角色也未免感时抚事何戡歌唱旧人稀

辛亥革命光复后，作为清代的举人，鲍鸿对光复后局势变化还是持怀疑态度。

（8）戏台联

引言：时民国大定，南北统一：

从宫商角徵羽谱出元音曰昆曰乱曰平板生旦丑净显尽绝妙神通总不外五六工尺上四合凡一

合汉满蒙回藏联成同族大吹大擂大开台钟鼓衣冠造就最新世界怕什么英美法德比日本俄罗

辛亥革命后,袁世凯当上临时大总统,暂时南北统一,鲍鸿对局势变化充满了希望,指望民族团结,富国强兵。当时徽班戏曲分成雅、花两部,雅部即指昆腔;花部又名乱弹,又兼习楚调之长,汇合二黄、西皮、秦诸腔向京剧衍变。

（9）绣衣里戏台联

引言:民国历今他无起色,唯烟赌较盛于前。地方官不问也,居民苦之,偶偶搦管情乎词矣:

珠歌翠舞刚逢八月凉秋敢云迷信神权借一保关门而已
赌窟烟寮总算诸君幸福请作商量办法这九天远便何如

辛亥革命后,袁世凯窃得政权。社会风气无起色,只有烟赌较盛于前清。地方官不过问,一般居民苦于其甚。

（10）财神戏台联

引言:时望借款甚切,正式总统尚未举也:

神揽财政权,祝大借款早日告成,一瓣心香即可名祈祷会
戏为音乐部,待正总统克期举定,全班角色取来重唱太平

引言:又一联与诵芬同作,台在岩镇中街,盖一片瓦砾场也,艰于立足观者苦之,联中言此亦冀其迁地为良耳:

财本无源,拼将市上泉刀,每到三春戬白雪
神如有术,请把台前瓦砾,尽数一律变黄金

1912 年（即民国元年）2 月,清帝退位、袁世凯还是临时大总统时,就急切向英、法、美、德、日、俄六国善后借款二千五百万英镑。善后借款的主要部分用来抵还外债和准备赔偿外人在辛亥革命中的损失之用,以我国盐税收入做抵押;设立盐务稽查所,并在审计处开设外债稽核科监督债务,出卖我国的主权。此两联蕴含讥讽之意。

（11）南山戏台联

引言:戏为禳火然庙中则祀药王,酬神者皆于此日麇集,时俄蒙协约国事方棘手也,又时禁烟甚严,其日恰逢冬至:

药王菩萨有灵要拔除天下病根大家须蓄三年艾
火德星君在上请烧灭人间烟土平地同飞六官灰

辛亥革命后,早已觊觎外蒙古的沙皇俄国,乘机策动外蒙古的活佛和王公们脱离中国。11 月 30 日,外蒙古宣布"独立",成立"大蒙古国"。与此同时,沙俄政府不顾中国政府的抗议,于 1912 年 11 月 3 日,同由它

徽州

105

扶植起来的外蒙古当局订立了《俄蒙协约》，规定：由俄国扶助外蒙古的
"自治"及训练外蒙古军队；外蒙古不得允许中国军队入境，不准华人移
植蒙地；外蒙古准许俄人享受本条约广泛的特权。内外交困的北京政府别
无出路，只得与沙俄谈判寻求解决外蒙古问题。远在棠樾的鲍鸿只能在楹
联中寄托自己的担忧。

（12）癸丑年路口三月三日戏台联

引言：路口向于三月三日迎神演戏岁次癸丑信手成联：

得聪明正直而神，看此番鞠部徽歌，又易丙辰新月建

有丝竹管弦之盛，倘依样兰亭修契，恰逢癸丑暮春初

清代康熙乾隆年间歙县西乡环山村方士庹的《新安竹枝祠》有"岩镇
迎神正月九，路口禳灾三月三。七月荷花镫苦热，琵琶十月演溪南"。歙
县西乡路口禳灾迎神演戏是自古就有的，至民国初年依然延续。1912年农
历癸丑年，三月是农历丙辰月。

（13）癸丑上九戏台联

引言：本年戏最佳，集各班名角合演之。时议员选举方发表，或入都，或晋省，
头头是道亦非常忙碌也，此事属辞一唤！成此：

从生旦丑净选来名角几人仗诸君歌舞登场装点大千新世界

由宋元明清遗此当头古例际五族共和开幕安排上九好春光

1912年年底至1913年年初，全国各地根据民国"选举法"选出参众
两院国会议员。为了在国会选举中取得多数席位，同盟会改组为国民党。
共和党也视国会选举为"最注重之事"，决心倾力以争。统一党、民主党
也同样不甘落后。各党竞选实质上是拥袁、排袁两大势力的公开较量。选
举结果，国民党虽然获得压倒优势的胜利，但依然不能限制袁世凯的军阀
专制独裁。

（14）甲寅上九戏台联

大千世界到民国三年再休误拂弦歌致使周郎长顾曲

上九风光先立春一日从此各涂粉墨笑看优孟又登场

（15）九龙池戏台联

引言：以新长春庆共和两班共一台演之，时有南北分治及李烈钧江右谋二次革命：

一霎又登场这般跳打精神说什么脑筋单简

诸君且静看等到团圆时节判他们角色高低

1913 年年初，由同盟会改组而成的国民党在正式国会的选举中赢得胜利，国民党代理理事长宋教仁准备组织内阁。厉行独裁的袁世凯派人收买凶手，于 3 月 20 日晚在上海沪宁车站暗杀宋教仁。在孙中山的动员下，李烈钧于当年 7 月 8 日回到江西湖口，成立讨袁军，宣布江西独立，拉开了二次革命的序幕，战事很快进入徽州。这些戏台楹联记录下民国初年歙县西乡乡绅时局的观点。

（16）丙辰上九戏台联

引言：时建元洪宪居然帝国矣！然耳根弗静，不能无异议也：

大千世界万象更新宫为君商为臣乐府何戡重协律

上九乾元群龙见首夔乎鼓轩乎舞春台优孟又登场

1916 年年初，袁世凯称帝引起全国军民的反对，鲍鸿的引言和楹联可见一斑。但八十三天的皇帝梦瞬间消亡，于是有同年的《大埠头戏台联》。

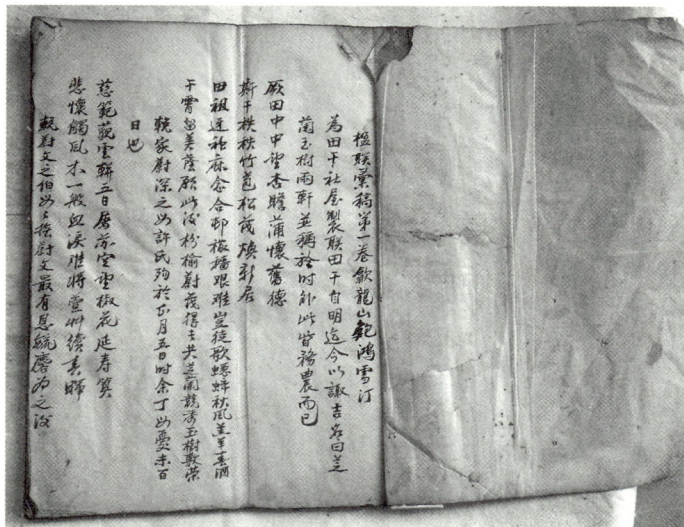

鲍鸿《楹联汇稿》书影

（17）大埠头戏台联

引言：大埠头戏台距上九一瞬耳，取消帝制依然民国矣！班演"老庆升"，戏缀成句：

大吹大擂大埠头别奏新歌一曲大共和大众再休谈帝制

老板老腔老庆升向推特色历年老主雇老夫又要撰台联

1916 年秋，经历过"洪宪称帝"的闹剧，鲍鸿政治倾向转向共和，反对帝制。此次演出的徽剧班子是"老庆升"。据统计，自清乾隆至民国初年，活跃于徽州舞台的徽班即有 60 个之多，其中规模最大、历史最久、活动范围最广的是"庆升""彩庆""同庆""阳春"等四个徽班，被称为"京外四大徽班"。看来，鲍鸿是经常为"老庆升"演出写戏台楹联的。

自古以来，徽州民风好儒，加以山水风土的熏陶，徽州民众的文化修养极高。由于明清以后的徽商富甲东南，好演社戏，所以流传到今天的楹联不仅具有美学价值，也具有风俗史实的记载价值。其中后一种价值在当今显得尤为重要，因为今天的历史研究已经走出了线形历史的理论束缚，而要全面地把握历史，我们不仅要了解官方历史，更要了解民间历史。鲍鸿《楹联汇稿》为后人留下宝贵的民间历史资料，也为棠樾清末民初的史实写出尾声。

徽州盐商兴衰的典型个案

——歙县江村江氏《二房资产清簿》

江巧珍

众所周知，徽州商帮中，盐商是中坚力量。徽州商帮，以盐业为"龙头"行业，而在经营盐业的徽州商人中，以歙县盐商势力最大。民国《歙县志》说："邑中商业，以盐典茶木为最著，在营盐业尤兴盛焉。两淮八总商，邑人恒占其四，各姓代兴，如江村之江，丰溪、澄塘之吴，潭渡之黄，岑山之程，稠墅、潜口之汪，傅溪之徐，郑村之郑，唐模之许，雄村之曹，上丰之宋，棠樾之鲍，蓝田之叶，皆是也。"关于歙县盐商的资料，史籍所载，并不少见，而其中能系统反映某一商人活动的资料，则殊少见到。笔者收藏的歙县江村一位盐商留下的《二房资产清簿》（手抄本），比较全面地记载了该商人经营盐业的情况，反映的徽州盐商兴衰的轨迹，为我们深入了解近代徽商提供了第一手的资料。

《二房资产清簿》共分以下三大部分：

第一部分是歙县江村盐商江仲謽于咸丰八年（1858）立下的资产清单和分家遗嘱，其中还叙述了江氏经营和州（今安徽和县）盐业的大致经过。据载，乾隆三十六年（1771）江仲謽出生于一个盐商家庭，21岁时继承祖业，代扬州总盐商领销和州引盐。其初只有祖传的江謽泰号713引盐，规模较小，且营运资本还是将家中房产典给族人所筹。经过几年"冰兢自守"的苦心经营，接顶了同族的江裕泰号3064引盐的业务，达到了3777引的规模。若以每引毛重430斤计，合盐150万斤左右。乾隆末年，由于课税、捐输日益加重等原因，盐商的处境十分艰难，和州境内同岸自运的徽州盐商许恒吉、巴长发、方诚发三家，力不能及，先后歇业，只剩下江仲謽的"江謽泰"号和"江裕泰"号，两家继续维持经营。19世纪初，江仲謽在和州的盐业生意日见好转，长子江秋舫和次子江小庄也自歙县来到和州，协助经营。这是"江謽泰"号盐店的鼎盛时期，和州盐业几乎被"江謽泰"号所垄断。道光十七年（1837）江仲謽回到歙县江村，以两年

的时间营造了一处规模宏大的三进园林化住宅，并收购了村中的一些其他房产和地产。据《二房资产清簿》估算，这时江仲馨名下的资财20余万两白银。咸丰元年（1851），清政府受两江总督陆建瀛的建议，盐业实行"改纲为票"政策，于是从总商到中小盐商丧失了原有的食盐专卖权，代表财富的"砝单"形同废纸，"江馨泰"号3777引的"砝单"价值5万余两白银也付诸东流。咸丰二年（1853）正月，太平军由九江顺流而下，直入和州，其他土匪乘机抢掠店铺，"江馨泰"号也不能幸免。当时在和州的江秋舫和伙计们躲进山里避难，于第二年春徒步逃回了歙县江村。不久江秋舫在惊吓中病死。江仲馨自知生无多日，遂在咸丰八年（1858）十二月初一日立下遗嘱，后数日而亡。

　　遗嘱的主要内容：（1）留下相当部分财产作为两房共有财产。这部分计有江村住宅的大厅、柏枝园及园中边房；江村的五户佃农及其承租的田地；大厅的家具、祭祀器具、古玩字画等。和州庆瑞庄619石、年丰庄300石、零田12石存公，每年的田租兑成白银，汇回江村，由长孙呈禧收执立账，用于各房嫁娶开支以及其他门户应酬。（2）在江村的房屋、菜园、田地、家具、古董、字画，除存公外分为两股由大房和二房抓阄各分一股。（3）在和州的田庄，大房分四个庄1264石租，二房分四个庄1195石租。另：泰丰庄120石租由大、二两房媳妇收执，寿丰庄204石租由长孙呈禧收执。（4）各项现银及变卖和州部分房产价银，作三股分给三个孙子。外面所欠债权，如广裕行1000两、汪贞古典2000两、大顺钱庄2000贯等以及3777引盐的红票，如果将来归还或启用的转让费，作三股均分给三个孙子。

　　第二部分是江仲馨三个孙子呈禧、履禧、繁禧在正式分家前对每项资产清理详情的说明。江仲馨所立遗嘱在咸丰八年（1858），因其时正值战乱，财产的清理相当艰难，所以正式分家已是同治十二年（1873）的事了。同治元年（1862）二孙履禧曾绕道到达和州，因为太平军打到和州，被迫只身逃回。同治二年，长孙呈禧又饶道鄱阳湖一千多里到达和州，"恰值疫气大行，人民离困，租息轻微，略为部署，旋即返徽"。同治三年夏，呈禧再去和州，这时"兵燹之余，所剩屋宇庄田，焚毁荒芜，蹂躏过半"。经过长时间的清点，当年江仲馨留下的财产已有较大的变化：商业部分的货物和流动资产，几乎百分之百损失，而固定资产中的仓库、店屋也大部分被焚毁。战前的债权，大多无法收回，如叶大顺钱庄欠江氏2000多贯钱，多次坐讨不理，和州知府判还三成计洋600元，经叶大顺钱庄店主再三恳求，再判减为280元。这时，江氏索性"禀明实意助公"，州宪

"好善可嘉，准立案入公"。这是债务人在世者的一例。而有的债务人或死于战乱，或逃亡，更是无从追讨。和州的财产没有全部损失的，只有田地产，但其中最大的几处田庄都售出或抵押出去。例如，遗嘱中存公部分的庆瑞庄619石，因"乱后各庄荒芜者多，租粒减薄，费用倍增，累年负债，利债难以清理，售于许姓"。年丰庄300石，"此庄前经程殿代垫费用银150两，乱后未还，将田公同劈钞一半归程收租"。遗嘱中分给大房的小王庄160石，"咸丰七年代输和州军饷银，转实陆姓"。分给二房的和丰庄254石，"同治四、五年间，因众事不敷，公同售出"。又原二房承受长春庄443石，"同治十一年，因抽还利债，亦公同售出"。到分家前为止，和州的田庄只剩下三分之一，而且由于战后经济的萧条，售出的单价极低，不及战前的三分之一，售出所得大都抵了历年的厘捐和追加的军饷。

在歙县江村的财产中，房屋被烧毁大半。"先大父遗下衣饰、书画、古玩、陈设器皿等件，均于乱时被遭劫掠，所剩毫末"。从《清簿》来看，江村附近的田产几乎未受损失。但这部分田产与和州田产相比较，仅是很少的一部分。总之，根据分家阄书估算，江仲謇当年留下的20万两白银的资产，到三个孙子正式分家，只剩下不到十分之一了。

第三部分是分家阄书。从阄书来看，它与遗嘱内分家的条款有很大的不同。其一，存公部分被大打折扣。存公的最大一笔和州的庆瑞庄619石已变卖，年丰庄300石抵押未赎，"所受价银历年租息除二房抽还利债，并支付喜庆银外，余银分讫。此后所有婚嫁事务各自支付无异"。作为各房之间凝聚力的共有财产丧失殆尽，标志着这个封建的盐商大家庭的分崩离析，几世同堂的模式被小家庭代替。其二，江氏盐商后代经营其他商业的资本已不复存在。由于盐法的改革，代表财产最大部分的红单形同废纸，剩余的作为商业资本的动产和不动产，在咸丰兵燹中几乎损失一空。因此江仲謇后代已无继续经商的资本。此外，江仲謇的三个子孙在战前没有亲历经商，缺乏经营手段，因此这个曾经垄断和州盐业的徽州盐商兼大地主家族，到儿孙分家的同治十二年（1873），已沦为一个和商业无缘的地主了，最后因入不敷出，和州的田产也大多出售，完全成为一般的小地主。

从《二房资产清簿》中，我们可以了解这样几个有关徽州盐商的重要问题。第一，徽州商人大都是从"小本起家"，经过不断努力，渐发展商业，积累资本，成为小康之家。第二，发家后的徽州商人大多投资土地、兴修住宅，将商业利润转化为土地资产，从而兼有商人和地主的双重身

份。第三，徽州盐商经营的商品——盐，是一种特殊的商品，在当时与封建官府盐业政策密切相关，官府政策的变动，成为盐商兴衰的主要因素。第四，徽州商人的衰败，与咸丰兵燹有直接的联系。从江仲馨家庭的衰败来看，咸丰兵燹乃是致命的因素。

（本文发表在《安徽师范大学学报》1999 年第三期）

徽州盐商个案研究：
《疏文誓章稿》剖析

江巧珍　孙承平

摘要：《疏文誓章稿》是康熙末年歙县盐商余锡与二弟余钟为盐业资产纠纷而写下的稿本，叙述了余氏盐店康熙年间经营盐业的活动经过，并记下了与安徽省几任巡抚以及湖广总督徐国相的关系，详细列出几十年的商业账目。文章根据《疏文誓章稿》的相关记载，从余氏盐店与当时地方官府及徽州商帮的关系入手，研究康熙年间徽州盐商的资本来源、兴衰原因等几个具有普遍意义的问题。

关键词：康熙年间；徽州盐商；疏文誓章稿；总督；巡抚；兵乱；账本

徽州商业文书是研究徽商的重要史料。本文以歙县王村镇渔岸村发现的《疏文誓章稿》为中心，对清康熙年间徽州一中小盐商个案进行梳理。《疏文誓章稿》是康熙五十七年（1718）歙县盐商锡与二弟钟（字伊黄）为资产纠纷而写下的稿本。其内容包括"给二弟的信稿""给侄子景涓的信稿""疏文誓章稿"三篇底稿共34页，一万五千余字。其中"给二弟的信稿"详细开列出从康熙三十九年（1700）至康熙五十五年（1716）安庆盐店收支账目，与一般账目不同的是每一项收支账后都有详细的说明，所以占有22页的篇幅。"疏文誓章稿"是锡于康熙五十七年（1718）八月间前往九华山进香后，准备在安庆府城隍庙菩萨前"为减功诬绩，隐忍沉冤"申诉的疏文的底稿，占有10页篇幅。由于作者锡是读书人出身的盐商，文字流畅，较详细地记载下清代康熙年间徽州盐商活动的这一个案。

一、《疏文誓章稿》的背景材料及作者姓氏的推断

几年前，笔者到歙县王村镇渔岸村收集到一批徽州文书资料，计有明成化版《泽富王氏宗谱》一本、《万历玖年鱼鳞清册》（贤字号）二本、手抄本《疏文誓章稿》与一张乾隆四十四年（1779）的商业合同。渔岸村

是贤源河边的一个大村，主要有王、余两大姓居住。据明成化版《泽富王氏宗谱》记载，大约在宋时，泽富（现在的王村）王姓一男子入赘余岸余氏，后子孙繁荣，在明初归宗王氏。因此，此本《泽富王氏宗谱》每页都印有"余岸支领"的字样。据当地老人说，王、余两姓实是本族，世代不通婚。后余姓逐渐式微，王姓将"余岸"改名"渔岸"，但至迟到康熙末年成书的手抄本《疏文誓章稿》上，还是用"余岸"的名称。"渔岸"村边的小河名"贤源河"，有两条支流，一条发源于隐里，流经"萧江氏"聚集地——皋径村；另一条发源于张姓聚居的黄备村。贤源河从渔岸流经3公里左右在富岱口汇入新安江，隔新安江相望的相距2公里的岑山渡就是淮南盐务总商程量入（字上慎）的老家所在地。《万历玖年鱼鳞清册》（贤字号）两本已不全，当时中间夹有手抄本《疏文誓章稿》与一张乾隆四十四年（1779）的商业合同卷在一起，除了蛀虫屎、老鼠屎之外还有陈年的谷壳，证明是农户家从多年不用的谷仓中取出。明代徽州的鱼鳞册用《千字文》为序号，"贤"字号与"贤源河"不会是巧合，应该是河名用鱼鳞册序号来命名。乾隆四十四年（1779）的商业合同主要内容是：林端如、余德宽、余德威、马辉若四人合伙的"协成店"将余德宽原独自开有的舡厂合并，移至店左边，合并后的店名取名"裕成"。关于店址，此合同中只有"江村""韩口"两个小地名，经营什么也看不出，与《疏文誓章稿》内容结合推断："江村"可能在现在安庆地区怀宁石牌镇对河的江屋村；"裕成"店是盐店，而舡厂也是专为盐运服务的。由于《疏文誓章稿》是一稿本，不但作者自己的姓不写，本族的人也不写姓，根据上述的背景材料初步推定作者是"余"姓。下文为了叙述方便，也暂用"余"姓。

二、余氏盐店的几次兴衰过程

据安徽师大张海鹏主编的《徽商研究》划分，徽州商帮从明成化、弘治之际到万历（1573—1620）是发展阶段；从万历后期到清康熙初年（1622—1722）是发展遭受挫折阶段；从康熙中叶到嘉庆、道光年间（1796—1850）是兴盛阶段[1]。余家正是在徽州商帮阶段性反转时的康熙初年进入盐商行列的。笔者曾收集到几本清代后期徽州盐商衰败个案的手抄本，如《二房资产清簿》[2]、同治元年休宁上溪口洪氏盐商《分家阄书》、同治九年祁门永馨盐酱店《合同存底》等。衰败原因主要是两个：一是清廷的盐法改革，二是咸丰兵燹。此稿本记载余氏盐店的几次兴衰的时间段刚好处在康熙年间徽州商帮兴盛阶段，具有强烈的历史反差，更能揭示当时商界各种矛盾，因此稿本的面世有其特殊价值。

余家祖上曾经涉及盐业，作者余锡的祖父余同铭与淮南盐务总商程上慎是世交好友。程上慎，又名量入，歙县岑山渡村人，岑山渡村与余家所在地渔岸村隔新安江相距十里多路。正是这种同乡世交，促使余锡父亲进入盐商行列。康熙七年（1668）余父到安庆开创盐店，初挂"友善"旗号，系安徽巡抚张朝珍发本与程上慎太翁营运。由于程上慎太翁与祖父余同铭是好友，因而他托余父到安庆掌管。余父才高志广，信义服人又极豪侠，上自院司宰官下逮绅衿士庶无不折节纳交，以至声闻四达。仪征、扬州徽州盐商中的亲友多有借重而报盐附卖，以至安庆盐店盐多壅滞，余父又转发吉水镇分销。但余父放手经营，脚步太大。如闻知望江县富庶，借鲍云从本银三千两，同亲家谢大来、洪士舍合资经营望江县典业，无利，后被余钟蚀本收歇。康熙十六年（1677）徐国相任安徽巡抚，余父结交上徐国相，关系非常密切。康熙二十三年（1684）二月，徐国相升迁湖广总督，余父随徐制台到武昌，用徐府二万两本银在汉口开设"人和"盐店。汉口为淮盐运销湖广的第一大口岸，余父跟随徐总督在此地开展自己的事业无论从那一点上说都是高明之举。安庆盐典各务，一概付于二子余钟掌管。长子余锡系读书之人，原不与闻生意，二十五岁起又抱病连年。康熙二十六年（1687）秋，余父以汉口"人和"盐务被所托江又驲做坏，写信来歙命余锡去料理，余锡此时才弃儒而商。这年十月恰巧是余父五旬诞辰，且四弟余鉴寄籍江夏武库，年当乡试，兄弟俩遂同往武昌。年末，因四弟完姻等事兄弟俩又回到歙县。第二年三月，余锡复上汉口"人和"盐店清理账目，住在徐府。同月徐国相被免官，据《清史稿·圣祖纪》记载："（康熙）二十七年三月乙酉，色楞额以按张升狱欺罔论死，总督徐国相以徇庇，侍郎王遵训等以滥举，俱免官。"[3]这一年对余家"人和"盐店来说是多灾多难的年头，大靠山的倒台之后又接连遇到因平三藩功成后裁兵而引起的兵乱。"六月甲辰，湖广督标裁兵，夏逢龙作乱，居武昌，巡抚柯永升投井死，署布政使粮道叶映榴骂贼遇害。命瓦岱佩将军印讨之[3]"。余锡在汉口盐店仅月余，凡银盐账目不过粗知大略，为避兵乱东下。七月间，余父病故于仪征客舍，余锡闻讣奔丧，扶枢还乡，绕道南京，向鲍云从翁致谢时被告知："人和"盐事，有公领徐府本银二万两，系余父掌握。今楚地渐次荡平，到徽后宜速去归结。余锡扶枢到家，草草安顿即出皖往汉清理。买舟沿江上去，浮尸处处有之，传闻上游交战，贼氛未息，冒险抵汉口盐店，细心查理，其银散在汉口、武穴、仪征、扬州、镇江、苏州等处。余锡竭尽心机，始得归聚原本二万两，分析造清账

一册，投上鲍公云从，缴还徐府。

余家在汉口的"人和"盐店，规模比安庆的盐店大得多，但因徐国相的免职和兵乱之后，在余锡的竭力清理下，能保本归还已是万幸。余锡原想恢复营运以继先人未竟之业，但因失去总督大靠山，被人刻忌，江某人从中阻挠，未即发出原本银，随后鲍云从病故，恢复营业终成泡影。而且盐店铺房地产，余家本银千余两，只讨得川板三副，康熙三十九年（1700）末，卖给安徽巡抚高承爵一副，只得银150两，以此推算，一半都不到。

余家在安庆的盐店，历经二十年，多任巡抚，可谓根深蒂固。若谨守成规，则课源源而发，盐必源源而来，店业将会日新月盛。但是余钟听从亲家谢大来的哄诱：说旗下某人有本银百十万两，欲发与殷实领运盐业，须得使费赞成。余钟信以为真，陆续被骗银数千两，以致挂欠广字盐课多金。为补亏空，收歇望江典业，变卖太湖庄田，安庆盐店元气丧尽。到康熙三十九年（1700）仅十二年，余钟在安庆败坏不能立脚，只得让余锡来收拾残局。余钟则在江次义表伯的盐店下任湖南宝庆府分店的内总。这时，安庆店中只有广字之盐课，蒙江次义表伯接管，是年，池州府亦报盐一舡，并委余锡就近兼理。在江次义表伯的扶持下，余锡使安庆店渡过难关，逐渐恢复元气，但是过程是异常艰难曲折的。

余锡于康熙三十九年八月到皖店，至十一月广字旗方有盐到，次年五月、十月，又各到盐一舡，均系己卯（康熙三十八年）纲。三舡盐共1452引，计子盐48250包，卖课银5070余两。为了替二弟还债务，挪用2800余两。见挂课太多，康熙四十年十二月二十日，始到庚辰（康熙三十九年）纲盐500引，而且江次义表伯来信切责，竟欲剪单。余锡亲到扬州，经过委婉陈说恳求，并言定以后每纲清课后，始发盐接售。之后每纲报盐二三舡，舡舡清楚，从不误事，使得皖店得以延续。安庆余家盐店不但在来盐渠道上受制于大盐商，售盐价格上又受制于地方官民。康熙三十九年五月，安徽巡抚高承爵到任，安庆盐店遭地棍以盐价高妄控到高抚院，发安庆府查审。至康熙四十一年二月，喻成龙任安徽巡抚，盐商循例出郊迎接，途中遇见，即问盐价几何，余锡婉辞陈禀，得以减去衙门盐规，使盐商计本减卖。

余锡是读书人出身，是一典型儒商，与喻巡抚几次面禀，使得安庆盐价高于他府，口岸有起色，扬州的徽州盐店如"程并茂""马森裕""汪禹成""江有容""汪鼎安""汪敦大""程启玉"等多报盐托售，使安庆盐店生意日跻兴隆，又在高河埠（今怀宁县县城）、黄泥港（今潜山县黄泥镇）开设两处分店。正因这样，他不但还清以前债务，还维持一个大家庭的开支。康熙三十九年（1700）九月，余锡接管安庆盐店，至康熙四十年末只有一年零四个月，代二弟还债1988两，自康熙四十一年至康熙五十五年（1716）年末，代二弟还鲍云从望江县典业本银并各项支用2430两，二项总共4418两；内除康熙三十九年（1700）九月至十二月收二弟经手盐匣账上并讨还借代等银共250两，又自康熙四十一年四月至康熙四十五年三月止，共实收二弟湖南宝庆来银1145两，仍净代二弟赔银3023两。安庆盐店属于余父的产业，父死后归五兄弟共有，从前事属一家，家用犹轻，自康熙四十二年八月奉母命析居，家中五房，月给公费、钱粮束脩等项倍增，十六年来，支出6000余两。另外安庆盐店的使用应酬银两十几年来达四五千两。余锡自经管盐店十六年共计用银一万四千两。余锡管理安庆盐店期间，使"空空一店"，代人售盐，有一万四千两的毛利，也就是说每年有近千两的利润实属不易，然而最后还是在商海上翻了船。

康熙五十三年（1714），安庆盐店发往潜山县水吼岭的一批盐，尽化乌有，将附在"永裕"店的现银全支出，尚欠课银110两。经这次打击，康熙五十五年，余锡年届六十，从盐业上退下。由于余锡没有子女，几兄弟协商后同立余钟大儿子掌管安庆盐店。这时从歙县老家传来令人气愤的消息：余锡分得的坐落于余岸（渔岸）祖父的田产将要被余钟变卖150两银子，以抵余锡所欠盐课银。余锡给余钟的信说："屈指十数载辛勤，半属为汝赔累，前账开出约计三千两，今我收场招此田价不过二十分而赏其一耳。吞我养老血本，减我应分田价，虽未面谈，而传闻大约不谬。"（引号内文字为稿本中的原文，下文中不另注出处的引号内文也出自稿本）正是这极端不平的心绪促使余锡写出给余钟的万言书，将十六年来代余钟收支的账目及来龙去脉详列出来。由于属于家事，无处申诉，"即写黄表疏章，邀同亲友作证，齐诣城隍庙，考钟伐钹，向神人共白之"。《疏文誓章稿》正是此疏文的原稿。这一手抄稿本将清代康熙年间一个徽州小盐商经营盐业的活动经过详细地记录下来，为徽州盐商的研究提供了第一手资料。

三、余氏盐店的借贷资本来源和利润率概算

徽州中等以上的盐商一般包揽某一地区的盐业运售业务，规模巨大，动用资本的数量也是巨大的。包世臣说，清代两淮盐场，每行一纲之盐，需用本银两千余万两，而运商中实际贩运引盐的散商资本不过五六百万两，缺额部分都来自借贷。在两淮行盐的徽州盐商有的竟借"帑银"（国

徽州

库里的钱）为资本的。从此稿本中记载的内容，余氏盐店借贷部分以官僚资本为主，在安庆、汉口两处盐店都是如此：康熙七年（1668），余父到安庆开创盐店，初挂"友善"旗号，系安徽巡抚张朝珍发本与程上慎太翁营运。安庆盐店发本多少，稿本中没有讲到。从余锡初到皖店，经营的己卯（康熙三十八年）纲三舡盐共1452引，卖课银5070余两来推测，估计本银为几千两，不超过一万两。康熙二十三年（1684）二月，徐国相升迁湖广总督，余父随徐制台到武昌，用徐府二万两本银在汉口开设"人和"盐店。这二万两本银实质上是余父与徐制台的关系密切而促成的，但手续上必须经过大盐商转出。康熙二十七年七月间，余父病故于仪征客舍，余锡扶枢到家，草草安顿即出皖抵汉口盐店，竭尽心机，始得归聚原本二万两。分析造清账一册，投上鲍公云从，缴还徐府。余锡原想恢复营运汉口盐业，但因失去总督大靠山，又有江某人从中阻挠，未即发出原本银，恢复营业终成泡影。这说明，此时要发出原本，也须经过大盐商江某人转出。稿本中详细的收支账中没有这两笔官府本银的利息记载，但在安庆盐店中曾提及"衙门盐规"与使用应酬银两十几年来达四五千两，是否就是官府本银直接分享盐业利润的一种方式？待进一步探讨。

不但余氏这两处盐店的本银主要是官僚资本，而且余钟被一姓佛的旗人骗走几千两银子的"幌子"也是一虚拟的官僚资本：说旗下某人有本银百十万两，欲发与殷实领运盐业，须得使费赞成。这说明，康熙年间，确实有这种官僚资本，发与盐商经营。而且这种由各级官府发出的本银，只限于预支盐价及直接费用，其他的资本则需自筹。

自筹资本不外乎是委托资本、遗产资本、援助资本、婚姻资本、劳动资本等，其形式各个案各有侧重。从稿本记载，余氏盐店自筹资本还是以借贷为主。如康熙二十三年三月，余父转立一票，借鲍云从本银三千两，在望江城中与洪谢二宅合开"德懋"典。康熙三十二年被余钟收歇，其银虚费未还鲍家。康熙四十年九月，鲍云从之子聿修带同汤我洁、鲍永年、萧闻广等到安庆归结此账。按借券定年息一分，八年本利达六千两银子，余家是无法还清这笔债务的。余锡以手执"人和"盐店与鲍云从订立的二万两合同与鲍家较论，破脸数回，几欲诉讼。最终经吴章符太翁调解，念两家属世好，且"人和"二万两原账已批清为前提，将此原与盐业无关的借款作合资处理：免除八年利息二千四百两，本银再让六百两；即时还银四百两，余下二千两债务止息分五年还清，同时缴还父券，换立止利限约。还有一笔一千两的债务系余父在康熙二十七年在湖广购买大桅木，向余家大房、鲍云从、萧闻广等几人借的，由于桅木没卖出余父去世，后余钟将桅木借与陈君礼在安庆吉水沟打造盐舡，只还了一小半银款，直到康熙五十二年余锡了结债务时没有计算利息，而且本银只还了一小部分。这二笔借贷资本有点类同于现阶段的破产保护而转为合资股本。

稿中还记有其他几笔借贷：如康熙四十年还杜晋伯银 137 两多（本110 两，利 24 两，补平色 3 两多）；同年十二月底还叶文焕银 126 两（本100 两，一年利 26 两多）；康熙四十一年还雷紫瞻利银 226 两（本银 100两，余父在时曾还利银 200 两，共还利银 400 多两）；康熙年还方宅利银一百两；康熙三十七年，怀赤叔与叶又张表弟向方东玉亲翁借银四百两，在黄泥港开设盐店，二分行息，系余钟作中。后借方还款被余钟挪用，一直由余家盐店还本付息。这几笔借贷款的年息都不低于二分。

由于商业借贷的利息高，徽商中的借贷资本还有一种打会形式，一个"会"一般由十至十五股组成，有一年三会、二会，也有一年一会的；每股金额从几两到几十两，一般可筹集到十数倍资本，然后按得会者顺序，加上较低的利息逐渐还清。余家盐店也有这种打会的记载。如康熙三十九年余克广首会，朱景三收 4.5 两；代贴马佩二首未会洪青若收 1.37 两。康熙四十五年五月还宋德辉会票 20 两；康熙五十二年，家中起首会 30 两一个，每年五月、十一月初二会期付银。

余氏安庆盐店的自有的资本稿本中没有具体的数字记载，但多次提到"空空一店"，至少到余锡接手时，自有资本已是资不抵债。汪士信先生曾经对明代与清代乾隆年间两淮盐商的获利进行研究。有人根据这一思路进行过总体估算，认为这两个时期的盐商的商业利润率前者明显低 10%、后者则略高于 10%[4]。而对应于余氏盐店康熙后期的稿本列出账目进行估算，排除二弟被骗与水吼岭翻船这两头失败的时间段，从康熙三十九年至五十五年 16 年间，安庆盐店代二弟赔银 3023 两；家中五房月给公费、钱粮束脩等项 16 年来共支出 6000 余两；使用应酬银两十几年来达四五千两。共有 14000 两的毛利。假设安庆盐店借贷的本金为一万两，则毛利润率为8.75%，净利润率为 5.63%，与明代相当。

四、徽州商帮对余家盐业的作用

明清时期称雄于东南半壁江山的徽州商帮，以盐业为"龙头"行业；而在经营盐业的徽州商人中，以歙县盐商势力最大。"两淮八总商，邑人恒占其四，各姓代兴，如江村之江，丰溪、澄塘之吴，潭渡之黄，岑山之程，稠墅、潜口之汪，傅溪之徐，郑村之郑，唐模之许，雄村之曹，上丰之宋，棠樾之鲍，蓝田之叶，皆是也"[5]。而上述歙县各姓氏盐商中，稿

119

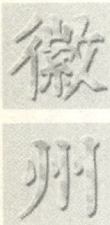

本中也提及近半数。江姓：如将余家汉口"人和"盐店做坏的江又骄，因江又骄被免职、刻忌余家，从中阻挠湖广总督府未即发出原本银江某人；接管广字之盐课，帮安庆店渡过难关，并让余钟到湖南省宝庆盐店任内总的江次义表伯；向安庆盐店报盐托售驻扬州的徽州盐店"江有容"号。吴姓：调解鲍、余3000两债务纠纷，使安庆盐店化险为夷的吴章符、吴南友叔侄；公卖"人和"店屋，收执房款，只给三副川板的吴执如。程姓：安庆"友善"盐店原创始人、与祖父余同铭是好友的程上慎太翁及程亮儒老翁；向安庆盐店报盐托售驻扬州的徽州盐店"程并茂""程启玉"号。汪姓：向安庆盐店报盐托售驻扬州的徽州盐店"汪禹成""汪鼎安""汪敦大"号；余锡的妹夫汪希邺。郑姓：占有"人和"盐店房产三分之二产权的郑隐南。宋姓：稿本中与余家有盐银往来的宋德辉。鲍姓：与余父签订"人和"盐店合同经手领余府本银二万两大盐商鲍云从、鲍聿修父子。叶姓：与余家有盐银往来的后将女儿嫁给余钟二儿子余景渭的叶文焕；和怀赤叔共同在黄泥港开设分店的叶又张表弟。以上所提及的盐商不一定是两淮盐务总商，大多是中小盐商，但与曾任或将成为总盐商的本族人都有宗族关系，如程上慎为淮南盐务总商，他的长子程之韺，为"商总二十年，康熙十三、十四年，军兴旁午，商众捐资助饷，悉取办于之韺。三藩平，御史郝浴上其事，优叙者三十余人，之韺特赐五品服，为诸商冠"[6]。稿本中还提到一些歙县盐商，如琳村的萧七、萧闻广；洪坑的洪青若翁；沙溪的凌嵩园；水竹坑的柯孟永兄；以及杜元老、刘文若翁、方东玉亲翁等。稿本中提到的盐商也有徽州其他县籍的，如向安庆盐店报盐托售驻扬州的祁门盐店"马森裕"号及盐商马笏陈兄，用余父的桅木打造盐舡的休宁县盐商陈君礼等。但大多数与余氏盐店有业务来往的还是歙县籍的盐商。

稿本中余氏家族也是盐商家族。五兄弟除老三余钱夭折、四弟余鉴在京任武职外，余锡、余钟、五弟余镰三兄弟都曾在安庆盐店任职过。不但如此，余父的兄弟，祖父余同铭的兄弟中，也有不少是盐商，或曾是盐商，稿本中涉及的有余伟臣叔、余怀赤叔，还有两次提到的"大房泼妇"带领男妇屡次吵闹不堪，要讨回余父在康熙二十七年在湖广购买大桅木的债务，都说明余氏家族是属于盐商家族。这说明，在清代康熙年间，徽州盐商以地域为界，以家族为核心，以世交、婚姻为纽带，逐渐形成专营盐业的资本集团。

以前有许多研究徽州盐商的论著认为徽州各村的盐商总是极力维护本族本支的利益。稿本表明，这只不过是一个方面，本族本支甚至亲兄弟之间，由于盐店是共有财产，往往因利益分配不均而发生矛盾，在经营发生亏损时，尤其是这样。稿本告诉我们的就是这种事实。反之，稿本记载，世交、姻亲似乎更加维护亲戚的经济利益，像程上慎翁、鲍聿修翁、江次义表伯等。当然，这种帮扶是建立在互惠、诚信的基础上。稿本中有一句话："设'人和'本银不清，皖店亦难安枕。"就说明"诚信"二字的重要。再如康熙二十三年余父借鲍云从本银三千两，在望江城中开"德懋"典。康熙三十二年被余钟收歇，其银虚费未还鲍家。康熙四十年九月，鲍云从之子聿修安庆归结此债，破脸数回，几欲诉讼。最终经吴章符太翁调解，双方让步解决。处理后余锡认为："若再执拗，势必经公，风声传出，谁肯将盐托售，生意不保，立见其败矣。"更说明"诚信"二字的重要。徽州盐商如果有一定的经济实力，则生意更加好做。稿本中说到替余钟还债务3000余两时写道："若令我积累至今，不必言其中获利，借此本银，可转引盐，可开小典，岂不全家有赖。即揽亲友盐代售，彼必访知厚实，皆乐倚托，何致仰面求人，无奈何不能也。"这段文字就说明这一点。

五、徽商文化优势的体现

"徽商在两淮之能执诸盐商之牛耳，还因为占有文化优势。徽商是一支以'儒贾'为特征的商帮"[7]170。徽商坚持"以商从文，以文入仕，以仕求官，以官保商"的儒贾途径。徽商中的大多数人受了较深的儒学教育，因而掌握了一定的文化知识，使他们在经商活动中，善于运用心计，精于筹算，审时度势，决定取予，常在商场立于不败之地。稿本的作者余锡就是一个典型的"儒商"。余锡系读书之人，原不与闻生意，康熙二十六年（1687）秋，余父以汉口"人和"盐务被所托江又骈做坏，写信来歙命余锡上去料理，余锡此时才弃儒而商。

首先，余父对儿子们的培养是把读书摆在首要地位，让长子读书，二子从商，四子习武。其次，在关键时刻，让没有经商经验但文化层次较高的余锡到汉口"人和"盐店去清理账目，重整生意，这说明，余父对有文化的长子的器重。这两点又成了余钟刻忌大哥的深层次因素。余锡尽管以前从不过问生意，但是一到生意场上，就充分发挥自己的文化优势，处理好生意上的几件大事，把汉口"人和"盐店的损失减少到最少，并让负债累累面临"剪单"危险的安庆盐店重现生机。

康熙二十七年七月间，余父病故于仪征客舍，大盐商鲍云从要求余锡去归结"人和"盐店借用徐府的本银二万两。余锡在疏文中写道："当此时锡历事未久，殊觉茫茫。父在日，又费用不轻，二万两本何等重大，而以不经练书生任之，安得不惴惴是惧乎。外人不可共商，以二弟事同一体，且素在贸易场中究心，与之筹划，今此行作何措置，指望在以教我。乃并无一语关切，只言：我止管安庆店务，'人和'盐事不管。而傲慢形状，令人难当。"在这种情况下，余锡只身买舟抵汉，竭尽心机，始得归聚原本二万两。分析造清账一册，投上鲍公云从，缴还徐府。不但如此，"锡才干过人，犹殷殷复欲举行营运，以继先人未竟之业。后被刻忌，江某人于中阻挠，未即发出原本……孰料到皖，闻鲍公讣音，复兴之举，无复望矣"。但对于初进商场的余锡来说，可以说是旗开得胜。在之后处理其父留下的另两笔债务，他的文化优势也得到充分的发挥。

康熙二十三年余父曾转立一票，借鲍云从本银三千两，在望江城中开"德懋"典。康熙三十二年被余钟收歇，其银虚费未还鲍家。康熙四十年九月，鲍云从之子聿修归结此账。余锡以手执"人和"盐店与鲍云从订立的二万两合同与鲍家较论，破脸数回，几欲讦讼。最终经吴章符太翁调解，念两家具属世好，且"人和"20000两原账已批清为前提，将此原与盐业无关的借款作合资处理：免除八年利息2400两，本银再让600两；即时还银400两，余下2000两债务止息分五年还清，同时缴还父券，换立止利限约。还有一笔1000两的债务系余父在康熙二十七年在湖广购买大桅木，向余家大房、鲍云从、萧闻广等几人借的。由于桅木没卖出余父去世，只还了一小半银款，直到康熙五十二年余锡了结债务时不但没有计算利息，连本银只还了很小部分。这两笔债务都是余父在盐业之外放手经营、脚步太大而借下的。当时以商业上的诚信而言，"父债子还"是天经地义的事。余锡在对方执有父亲立下的借券等明显不利的情况下，以世交感情、请商界长辈调解等手段化险为夷，花很小的代价，解决了这两笔较大的债务纠纷。

余锡于康熙三十九年八月到皖店，为了替二弟补去亏损，挪用盐课银2800余两。见挂课太多，康熙四十年年底，"江次义表伯来信切责，竟欲剪单。忧愁百结，梦魂常不附体，屡至废寝忘餐。若果剪单，且莫说控院追比，典守者不能辞责。家外数十人口，何以资生活命。是必亲到扬州，委婉陈说，面恳次义表伯发盐接售。辗转踌躇，人有见面之情，求人须求大丈夫……自己耐性引咎，朝夕殷勤，察其有时平和，又进言诚恳。此时言语之周详，心机之迎合，询有罄竹难尽者"（疏文中原文）。经过余锡长时间的恳求，并言定以后每纲清课后，始发盐接售。之后每纲报盐二三舡，舡舡清楚，从不误事，皖店得以延续。

康熙三十九年五月，安徽巡抚高承爵到任，安庆盐店遭地棍以盐价高妄控到高抚院，发安庆府查审。至康熙四十一年二月，喻成龙任安徽巡抚，盐商循例出郊迎接，途中遇见，即问盐价几何，余锡婉辞陈禀，得以减去衙门盐规，使盐商计本减卖。之后不久又有人因安庆盐价高而向上禀报，疏文中有一节余锡向喻巡抚面禀的文字：

后有黄衣老人倚恃抚院优恤，于下学日妄言诳禀。抚军有怒色，传商面谕，其时多有震恐者。锡不避艰危，且喜面见，下情得以上达。及传进后堂，从容谒叩，抚军谕令起立话长。开口铺头，甚是利害。锡察情形，不敢撄锋。随后有问即答，不意其中有几句言语投机，抚军大悦，因表他一生居官如何如何，似觉意忘本旨，还是锡佯作不知，复跪禀："今日蒙大老爷传唤，是何金谕。"抚军云："你们还不晓得，今司、道酌平盐价，会详上来，你们安庆若干若干。"锡又跪禀："如此减定，仅够成本。商人们也有自己本钱，也有借人本钱，上而仰事，下而俯育，皆望蝇头微利，还求大老爷格外施恩。"抚军恻然："待再斟酌，出去候示。"故唯安庆盐价定得高于他府，移咨盐院。扬州亲友，知是锡维持，口岸有起色，多报盐托售，生意日跻兴隆。

从中可以看出，科班出身的喻成龙对读书人还是相当尊重的，这也是余锡不避艰危，且喜面见巡抚的原因。加之余锡不卑不亢，在言语中讲究机巧，避其锋芒，投其所好，取悦巡抚，最后陈述自己的理由，取得意想不到的效果。把一个儒商与清代高官的交锋，描写得惟妙惟肖，把文化优势充分体现出来。

六、余氏盐店几次衰落原因剖析

笔者曾收集到几例清嘉庆之后徽州盐商衰败个案的资料，其原因主要是两个：一是清廷的盐法改革，二是咸丰兵燹。在这全国的大气候下，所有的徽州大小盐商都逃脱不了灭顶之灾。然而此稿本记载余氏盐店的三次衰落是发生在康熙中后期的盛世，其中的原因是有它的特殊性的和偶然性的。

其一，徐国相被罢官与武昌兵乱是余氏汉口"人和"盐店垮台的原因。康熙二十七年三月徐国相被免官，余家"人和"盐店的大靠山的倒台，之后的武昌兵乱迫使余锡为避兵乱东下，使被人做坏的盐店歇业。余锡竭尽心机，始得归聚原本二万两缴还徐府。余锡原想恢复"人和"营运，但因失去总督大靠山，被人刻忌阻挠，未即发出原本银。随后鲍云从病故，恢复营业终成泡影。这类个别官员的倒台与局部地方的兵乱事件可以使个别的盐商衰败，但不影响大的商业气候，所以康熙中后期，仍是徽州的盐商的兴盛期。

其二，受"金融诈骗"是余氏安庆盐店几近垮台的原因。余家在安庆的盐店，历经二十年，可谓根深蒂固。若谨守成规，店业将会日新月盛。但是余钟听从亲家谢大来哄诱：说旗下某人有本银百十万两，欲发与殷实领运盐业，须得使费赞成，余钟信以为真，陆续被骗银数千两，这非常类似现今社会经常发生的"金融诈骗"。以致安庆盐店元气丧尽，余钟在安庆败坏不能立脚，只得让余锡来收拾残局。这种骗局是有其存在的背景的，徽州商帮正处在兴盛阶段初期时，对于一心想以小盐商身份进入中等甚至大盐商行列的余钟是有相当大诱惑力的。不但如此，对文化素质较高、办事谨慎的余锡，这种骗局也不是立刻识破，此手抄本中给二弟的信稿中有一段文字就讲述余锡被同一骗局再次骗走四百多两银子的事：

外二弟于（康熙）三十九年十月自扬州回安庆时，有谢大来翁带一佛姓旗人，同至皖店要银，为领本使费用。比予方到皖，手边百无一有。二弟付出拾两，嘱予再措银拾两，共足贰拾金，以作盘缠。着回南省再来，不识二弟同他是何计议。予见其事屡约不得，已虚费多金，实该省悟回头。无奈二弟魂梦于中，念兹在兹，常以叮嘱。至十一月往宝庆之际，又复谆切而言："吾今上去，大翁再来时，务必多方设法应付，以便其本速发。即今宝庆之行，勉强承允，中途得信就回，自举大事。重本现贮在省，只候小费一到即发，若不接应，则前功尽弃，大误事矣，追悔何及！"予闻此言，实不知底里，疑信相参。但见二弟认真急切，若不照应，后必为之借口，只得依行。凡有应付，今亦开后，共计去银肆百叁拾壹两。遥忆其时，予接管皖务，不过空空一店，且只一年零四月，已替代二弟支还借欠如许之多，又家支客费，并四弟喜用，极为繁浩。何能加此一项经营，即有点金之术，不暇接应。劳心焦思，至矣，尽矣！苦甚，忧甚！是皆二弟谆嘱，不得不然，非予孟浪也。

从康熙三十九年八月到康熙四十年年底共一年零四个月，余锡挪用盐课银2800余两，替二弟补去亏损，实际上大部分是被这一"金融骗局"骗去的，使安庆余家盐店差一点垮台。后在余锡运用心计、精于筹算下，才化险为夷，使盐店重显生机。

其三，康熙五十三年，安庆盐店发往潜山县水吼岭的一批盐，尽化乌有，使安庆盐店再次衰落。这一批盐全部损失的原因，稿本中没说明，以余锡这一老成的儒商而言，不会是再次被骗。较大的可能性是沉船或是被

抢之类的天灾人祸。水吼岭又称水口岭，处在潜山县丘陵与岳西县山区的交界处，是潜水河上运输船只的终点，山区所需的盐都在此上岸，挑进山区各处。这说明当时余家盐店的营业范围已深入安庆地区的山区边缘地带。但随着业务的扩大，不可预测的商业风险也增大了。

在没有商业保险机制的古代中国，经商者都可能碰到这种偶然性的商业风险。因此，徽商大都把商业利润的一部分转到土地资产上。余氏也不例外，稿本中记有两处：一为太湖庄田，是在安庆府辖区内；另一处是余氏老家歙县渔岸的祖传田产。但是这两处田产也在盐店亏损时被变卖抵债。

七、小结与尾声

《疏文誓章稿》为我们叙述了从康熙七年（1668）余父到安庆开创盐店至康熙五十七年（1718）余锡将管理权移交止，历时50年的盐业几起几落的经历。这说明，明清徽州盐商并不是牟取暴利的垄断商人，即使在徽州盐商兴盛的康乾盛世，也充满了种种的商业风险，稍有不慎，就会在商海翻船。康熙末年之后的安庆盐店的事情延续，依据乾隆四十四年（1779）的商业合同可进行一些推测。这二者的时间跨度是61年，也就是二三代人的时间。由于余锡没有亲生的后代，按徽州的家族惯例，会过继兄弟的儿子称之为"绍"。而这合同中的余德宽、余德威两兄弟（或堂兄弟）有可能是他的孙子甚至曾孙。如果这个假设成立，合同中的店铺也应是经营盐业与盐业有关的舡厂等商业活动。但林端如、余德宽、余德威、马辉若四人总股本只有400两银，规模与安庆盐店相比是整整缩小了一个数量级，可以推测康熙后期余氏安庆盐店没有恢复元气。但另一种推测是余氏子孙繁多，家产再三分析后，从安庆盐店分下支店就是这样小的规模。稿本中曾提及康熙三十七年（1698），怀赤叔与叶又张表弟向方东玉亲翁借银，在黄泥港开设盐店，也恰好是四百两本银，这不是巧合，说明在康乾时期徽州盐商在县以下开设一个分店就是四百两本银的规模。由于资料不完整，只能作这样的假设，如要完全知道后事，还有赖于徽商史料的发掘和整理。

（本文发表在《清史研究》2005年第一期）

参考文献：

[1] 张海鹏，王廷元．徽商研究［M］．合肥：安徽人民出版社，

1995：9.

[2] 周晓光．"徽州盐商个案研究：《二房资产清簿》剖析"[J]．中国史研究，2000，(1)：144.

[3] 二十五史·清史稿·圣祖纪 [M]．上海：上海古籍出版社，1986：49.

[4] 汪士信．乾隆时期在两淮盐业经营中应得、实提利润与流向试析 [J]．中国经济史研究，1989，(2)．

[5] 民国许承尧编《歙县志》卷一．

[6] 王振忠．明清徽商与淮扬社会变迁 [M]．北京：生活·读书·新知三联书店，1996：42.

从"浮价病民案"试析嘉庆中期徽州盐商衰退的原因之一

孙承平

摘要：徽州商业文书是研究徽商的重要史料。文章以安徽省歙县雄村乡岑山渡村出现的程德中盐商《公文汇抄》中"浮价病民案"为中心，对清嘉庆年间在江苏的一徽州盐商个案进行梳理，就嘉庆时期盐制改革前徽州盐商的遭遇探讨其衰败的原因。

关键词：公文汇抄；徽州盐商；私盐；"浮价病民案"

一、《淮北盐商程德中公文汇抄》的历史地域背景

几年前，笔者在安徽省歙县雄村乡岑山渡村一程姓古民居中收集到一本《淮北盐商程德中公文汇抄》（下文简称《公文汇抄》）。岑山是指歙县境内新安江中的一座小石岛。岛上古代原有一组佛教建筑，计有大雄宝殿、观音堂、肉身殿等。古代徽州婺源、休宁、黟县、祁门四县的商人出行大多数是坐船从率水和横江出发沿新安江下行到杭州，岑山是船行的必经之地。无论是出行的徽商还是船家，经过此处，都要到观音堂烧香求福保平安，以至于留存至今的明清新安江"船契"上，运费之外无一例外还要加上"神福银若干"一款。此地香火极盛，几与普陀山媲美，被称之为"小南海"。岑山北新安江北岸的村子称为岑山渡村。岑山渡的东侧是洪埠头村（现称航埠头），下两里为雄村，此两处是两支不同宗的曹氏家族聚居地，雄村曹氏家族除了出过曹文埴、曹振镛等"五世一品"的官宦外，还是歙县著名的盐商家族。聚居在洪埠头的"青阳曹氏"一支也是两淮盐商之一，清中期业盐的据点是长江边的大通和悦洲（现在铜陵市境内），当地人口传：居住在此地是和清后期的洪氏盐商的盐业债款有关，但笔者还没在文献中找到证据。岑山南岸的柘林村除了岑山程氏之处，还有汪姓和王姓等徽商家族，值得一提的是，这里是明代所谓勾结倭寇的海盗王直

的祖居地，在村西至今还保存有王直的祖坟。洪埠头得名于北三里的洪坑——是洪氏盐商的聚居地。洪埠头和岑山渡由于在新安江的边上，是较大船舶岸的埠头，歙县西乡的盐商家族，如南溪南之吴、江村之江、稠墅之汪、棠樾之鲍、竦塘之黄及西南乡黄备之张、韶坑之徐、皋径之萧江、渔岸之余等，大多在此上船或经过此地到杭州后经大运河到扬州、淮安等地，因此，此地是歙县盐商的出发地之一。

岑山渡是程姓的聚集地之一。据《新安名族志》记载："程 歙县……岑山渡 在城南十五里。前有河，河中流屹立者为岑山，因名岑山渡。系出太守元谭公裔、四十一世曰云卿，自槐塘上府出继大呈村。四十三世曰诚，再迁岑山渡。诚生五子，曰月，曰怡，曰梅，曰英，曰童。"[1]39 岑山程氏五房中有一支迁两淮盐商聚集地扬州。据《新安程氏世谱》卷十五《年表·新安汾公派》载：岑山渡叔信公（诚）子慎吾公为迁扬州始祖。他的五个儿子：上慎公（量入）、蝶庵公（量能）、青来公（爽）、阿平公（量衡）、莲渡公（量越）都是盐商。不但如此，他的子孙也大多是盐商，有的还成为总商。嘉庆《两淮盐法志》卷四十四《人物·才略》载：（徽州盐商程量入）程上慎为淮南盐务总商，他的长子程之罃，为"商总二十年，康熙十三、十四年，军兴旁午，商众捐资助饷，悉取办于之罃。三藩平，御史郝浴上其事，优叙者三十余人，之罃特赐五品服，为诸商冠"。其中与《公文汇抄》有关的程诚的第五子程量越是迁淮安的始祖。而淮安是淮北引盐的集散中心。徐珂《清稗类钞·豪侈类》里这样描写淮安："清江浦为南北孔道……距二十里即湖嘴，乃淮北盐商聚居之地。再五里为淮城，乃漕船所必经者。……有徽人汪已山，侨此二百年矣，家富百万，列典肆，俗呼为汪家大门。与本地人不通婚姻，唯与北商程氏互为陈朱而已。程氏有字水南者，以名翰林隐居，有曲江楼、菰蒲一曲获庄诸胜，诗画皆臻绝诣。"[2]27 总之，岑山程氏和稠墅汪氏是两淮盐商中的重要家族，从总商、中小盐商至各级员工，从运商到岸商到各镇的分销点，都有程、汪姓子孙的身影。

《公文汇抄》是乾隆五十四年（1789）至嘉庆十四年（1809）淮北盐商程德中公文汇抄本，记载了徽州籍淮北总商程俭德之下的程德中旗号盐店从乾隆四十二年（1777）到嘉庆十四年（1809）期间从安徽六安、颍州等引岸转河南省光州、光山县处地点的 148 份原被告的禀帖、答辩、甘结以及县、州、盐院、盐政、巡抚、总督有关盐业经营过程中的公文直到嘉庆皇帝的上谕。胡适先生说过："徽州商人既然垄断了食盐的贸易，所以徽州的盐商一直是不讨人喜欢的，甚至是一般人憎恶的对象。"此《公文汇抄》中程德中作为被告的诉状中则客观记述了盐商种种劣行的细节：
（1）利用银钱比价的波动，零售盐价只升不降。（2）往食盐中掺杂，是盐
商特别是零售商的常用手段，但河南省光山县贡生何克复告程德中的诉状
中说："近年盐商弊习于盐内三分之一掺和泥土"还是令人震惊的。（3）
缺斤少两。这也是零售商的常用手段。而原告方大都是地方上有功名的士
绅，这说明，盐商虽受官方保护，但盐商最头痛的就是这种"劣衿把持"
的诉讼。此汇抄不但记录了这一时期程德中盐店在淮北引岸的盐业活动，
还记录了其他引岸的一些较重要的个案。如徽州盐商汪余泰遗孀告吴恭盛
"鲸吞孀孤命本"案，涉案金额八万两；嘉庆十一年（1806）两广总督那
彦成处理江苏"浮价病民案"的奏折；嘉庆十二年两江总督铁保奏"挑挖
鲍营河"的奏折和皇帝的圣旨等。本文着重就江苏无锡、金匮县的汪丙太
盐店将盐价每斤降低二文引起的"浮价病民案"进行初步分析，就嘉庆时
期盐制改革前徽州盐商的个案，探讨徽州盐商衰败的原因之一。

二、对那彦成"浮价病民案"奏折的剖析

嘉庆十一年（1806）年初发生了牵涉到两淮盐岸四省的"浮价病民
案"。这一案件的起因是江苏无锡、金匮县的汪丙太盐店将盐价每斤降低
二文引起的。江苏无锡、金匮县的汪丙太盐店将盐价降低是为了抵制
私盐。

自从有了官盐之后，中国历代私盐一直没有停止过活动。对于徽州盐
商而言，私枭就像幽灵一样伴随着他们，若即若离，时隐时现。此《公文
汇抄》各种禀文中，出现最多的一个专用词是"芦私"。所谓"芦私"是
指从长芦盐场走私到淮北引岸的私盐。只要私盐在价格上占有优势，就可
以侵入引岸私售。江苏的引岸也无例外地受到私盐的侵入。这一案件事发
前一年，江苏省私盐泛滥，使得引盐滞销。专营无锡、金匮两县的徽州盐
商汪丙太旗号盐店想将官盐由每斤 30 文降为 28 文出售。其愿望是暂时减
价，使居民见官盐和私盐价格相差不是很悬殊，就不必冒风险去购买私
盐，私盐滞销，私盐贩子们就会裹足不前。当官盐畅销后，再恢复原价销
售。由于是权宜之计，又是减价销售，估计官家不会禁止，所以只是请
锡、金二县出告示，并没有禀报盐运使。但两淮盐运使张映玑认为，每年
于苏州地区盐市的旺销季节（腌制春菜之时），各县应统一出告示申明盐
价，此制度的目的是约束盐商在销售旺期抬高盐价，即使降价也应先行申
报，所以就出告示阻止这两县的减价行动。盐价这么一降一升，引起锡、
金两县老百姓的强烈不满，于是由一个捐纳了九品衔的张江梅作为原告，

以"盐商汪丙太等浮价病民、盐运使张映玑庇商不准核减（盐价）"罪名将盐商和盐运使告上。状纸中有"商人捐饷报功，借此浮价开销，则捐项全出于民，商输竟无其矣。……（盐商）私设公栈，提引行贿"等具体的罪状。

早在乾隆三十三年（1768），发生过一件震动朝野的"两淮提引案"，此案旨在掠夺两淮盐商的所谓"馀利"[3]286。致使几任盐政高桓、普福、盐运使卢见曾等人伏法，两淮盐商被罚几百万两银子，大伤元气[2]192-195。清政府官盐价格的核定，要经过层层把关。盐价单位是按课银来定的，零售则是以铜钱计价，而银钱比价经常发生变化，如《公文汇抄》记载：乾隆五十七年（1792）银价每两折钱 1400 文为最高，嘉庆三年（1798）以后，钱价渐涨，银价每两折钱曾减为 1200 文，至嘉庆九年（1804）每两银价折钱低至 950 文。由于食盐零售都用钱来交易，如果盐价没有按银钱比价及时降下来，盐商们就有了额外的利润，这就是所谓的"馀利"。清政府为了在正常的盐课外还能从盐商身上榨取更多的油水，就使用了追缴"馀利"的办法，乾隆三十三年（1768）的"两淮提引案"案本质就是掠夺两淮盐商的所谓"馀利"。

嘉庆九年，由于镇压白莲教起义，财政发生困难。"浮价病民案"中又一次提到类似的关键词"提引行贿"，此案的发生给嘉庆皇帝追缴"馀利"以口实。嘉庆皇帝降旨让在广东英德回京途中的两广总督那彦成顺道赴浙江省府杭州秉公审办此案。那彦成何许人也？据《清史稿·列传一百五十四》记载："那彦成，字释堂，章佳氏，满洲正白旗人。大学士阿桂孙，乾隆五十四年进士，选庶吉士，授编修直南书房，四迁为内阁学士。嘉庆三年命在军机大臣上行走，选工部侍郎，调户部兼翰林院掌院学士，擢工部尚书兼部统内务府大臣。九年复授军机大臣……嘉庆手诏戒之曰'汝诚柱石之臣，有为有守，唯自恃聪明，不求谋议，务资兼听并观之益勿存五日京兆之见。未几调授两广总督，巡抚孙庭玉劾其赏盗。降蓝翎侍卫充伊犁……十一年诏斥。十三年卒"[4]1293。那彦成是戴罪回京途中办理此案。

那彦成三月初六到达浙江省府杭州，提取了人犯、证据、卷宗等，原告张江梅也是同一天递解到杭州。在此案审理过程中，那彦成提取了锡、金二县盐商的成本底细账，经核算，盐商汪丙太的一引盐的成本开列如下：柴、卤、煎三项：2400 文；杂记等项：490 文；捆、运等项：230 文；制配等项：750 文；开运等项：350 文；完纳钱粮并薪工等项随时而计。每斤成本约需三十余文。

　　根据《公文汇抄》中另一嘉庆十四年（1749）的奏折可知，乾隆初每引盐为 344 斤，乾隆十三年（1748）、十六年（1751）两次恩加不入成本盐每引共 20 斤，每引盐实为 364 斤。倒推成本可以这样来概算，卖出价为 28 文，批发给各零售盐店的价格按当时的惯例低二文为 26 文；又由于引盐是先课后盐，每引盐是一年之内陆续收回成本的，当时的贷款息最低为 20%，成本应扣除 4 文利息，则只有 22 文，如成本达 21 文，盐商只有下限范围的 6% 的利润。所以到了嘉庆年间，两淮盐商无论从什么角度来推算，都不是暴利行业，如果遇到一些意外，则有亏本的可能。反过来，上述底账中的纳税和薪工是多少呢，按成本为 21 文推算，则一引盐为 7644 文，钱粮和薪工是 3911 文，达到了成本的一半以上。其中的薪工，应理解成是各级盐运官员直至衙役的各项应得的薪俸和各种名目繁多的开支，所以那彦成将这一大部分的成本都含糊其词地归到一起。其实由于报效的增加、盐官的层层盘剥，这点额外的"馀利"也就不复存在。相反，由于官盐价格偏高，私盐日益泛滥，引起官盐滞销。于是有的盐商就想出斧底抽薪的主意——降价销售，原想是无可非议，上能获利，下利百姓，官盐畅销，利薄而广，实是不错的主意。

　　那彦成审理后对汪丙太盐商的处理是："该商……减二文，每斤卖钱二十八文，则于商不亏，于民不病，彼此俱可相安，应即照所请。"似乎是被告胜诉。由于那彦成是戴罪回京途中办理此案，也知道嘉庆皇帝追缴"馀利"的意图，所以此案也是以追缴"馀利"为目的。最后他认为："自嘉庆三年以后……该商获利亦多，未便令其饱充私囊。应责令四所商人于通例内罚缴银一百万两。"这区区的二文钱盐价使所有的长江流域四省的两淮盐商都受到罚银的处罚。据《公文汇抄》中另一奏折记载：嘉庆四年（1799），皇帝就要求两淮盐商捐饷四百万两，并且盐价保持在乾隆六十年（1795）的水平不涨，就是追缴钱价上涨的"馀利"的另一种方式。此次再罚银一百万两，实际追缴"馀利"已过了头。此案涉及本案发生地的两个县令、盐运使张映玑、盐政延丰等都受到不同程度的处罚。更令人称奇的是此案的原告张江梅受到军罪上减一等杖一百徒三年的处罚。盐运使张映玑禁止减价的公文中有"以钱价有余，补成本不足"的语句。张江梅在状纸中变为"以目前之有余，补以前之不足，是其浮价"，这一司法术语的改变是原告最终获罪的原因。此案的审判官那延成最终也未曾因功折罪，下场也不太好。唯一的赢家是嘉庆皇帝，收到了罚缴银一百万两，可见嘉庆皇帝对两淮盐商比他的父皇乾隆还要苛刻。这之后第三年——嘉庆十四年（1749）起，为了筹备河工，又将两淮盐价每斤增加银

徽
州

131

3厘，每年两淮引岸加收银约六十八万两。对于两淮盐商来说，官盐价上涨，使得私盐更加侵占引盐市场，引盐的滞销。由于盐课早已完纳，就造成盐商的亏本。盐商亏本甚至破产报歇也往往不准，有的只好抱罪潜逃。《公文汇抄》中就有这方面的记录。这也是两淮盐商在嘉庆时期开始衰落的原因之一吧。

三、小结

《公文汇抄》除了106份禀帖、诉状、甘结外，还抄录了40份同一时期县、州、盐院、盐政、巡抚、总督有关盐业经营过程中的公文直到嘉庆皇帝的上谕。总之大至官府政令、商约行规、盐价等，小至民间细故、人情风俗、地理特产，堪称印证史实的可贵资料。由于盐业的巨大利益，皇帝、官僚、胥吏以及其他势力者，皆对盐商百般榨取，巧取豪夺，导致盐业成本增大，其结果，必然是盐价昂贵私盐盛行。而中小盐商为了生存，又采取抬高盐价、掺杂使假、缺斤少两等不法手段榨取一般百姓。于是就发生错综复杂的盐业纠纷，深入了解和分析这些纠纷产生的原因、解决的过程及其后制定出的一系列具体"盐规"等，我们发现，这些"盐规"其实就是调整盐业各种法律关系的法律规范。这些"盐规"的宗旨是"禁流弊以安行商"，当这种局部的调整无法取得各方利益的平衡时，也就到了彻底废除原有的纲盐制的时候了。纲盐制被票盐制替代后，徽州盐商失去了原有的盐业优势，走上了分化的道路，大至有以下三种去向：

一是在新的票盐制下继续从事盐业经营，如起源于太平永丰的苏氏家族。在清后期直至民国年间在长江以南区域有十一家盐行，徽州有歙县朱家村的苏德泰总栈、渔梁苏泰隆盐行、深渡苏裕泰盐行、屯溪苏德源盐行、黟县渔亭苏德泰盐行、绩溪临溪的苏德隆盐行等。

二是经营的下游产业——酱园，典型的是徽州在苏州的两个潘氏家族。当年苏州有个说法，"苏州两个潘，占城一大半"。苏州两个潘即潘岁可与潘世恩，都是徽州商帮。潘岁可这一支后裔，开设有潘万成等九家酱园。潘世恩这一支后裔，苏州人称庙巷潘，开设有潘所宜、瑞泰信等十二家酱园，资本雄厚，是苏州著名的富商缙绅。值得注意的是，潘家坚持"以商从文，以文入仕，以仕求官，以官保商"的儒贾途径。他们在经商活动中，善于运用心计，精于筹算，审时度势，决定取予，常在商场中立于不败之地。在道光年间清政府的盐法改革前，潘家就将盐业转到下游产品——酱业上来，在绝大部分徽州盐商遭受灭顶之灾的变革中幸存下来，并发扬光大。苏州地处太湖沿岸，江南繁荣地带中心，物资交换与人民生活的需求，使得酱业得到空前的发展。潘家的官酱、官盐往往是"纱帽头店"，油盐酱酒的垄断经营，获利丰厚。

三是转入现代工业。屯溪黎阳的郑氏家族，清中期由盐业转入南货业。"郑景昌"在港口镇设有"泰源昶"连枝店，收购和转运青豆，供应对象是屯溪和徽州各大豆腐店和酱园。占有屯溪街市场的50％。"郑景昌"成为徽州最大的南货业巨头。1930年左右，资金雄厚的"郑景昌"合资在上海法租界建立了"大有赍"染织厂，郑浩予出任经理，是徽州商人开办的少数现代工业之一，成为徽商在上海开办现代工业的一个典范。

明清时期徽州盐商在泛长三角地区的活动已经过去了百余年，它的兴衰成败从各方面为现代徽商提供了丰富的经验和教训，这是我们最可宝贵的一笔财富。"江山代有才人出，各领风骚数百年"！在社会主义市场经济蓬勃发展的今天，新一代徽商一定会在前人经验的基础上创造出更加辉煌的明天！

（本文发表在《徽州学研究》第三卷）

参考文献：

[1]［明］戴廷明，程尚宽．新安名族志［M］．合肥：黄山书社，2004.

[2]韦明铧．两淮盐商［M］．福州：福建人民出版社，1999.

[3]王廷元，王世华．徽商［M］//徽州文化全书，合肥：黄山书社，2005.

[4]赵尔巽．清史稿·列传一百五十四［M］．1928：1293.

参 考 文 献

[1] 鲍光纯重编:《重编棠樾鲍氏三族宗谱》,乾隆版。

[2] 鲍志道、鲍琮编:《棠樾鲍氏宣忠堂支谱》,嘉庆版。

[3] 鲍荣贵编:《岩镇鲍氏宗谱》,民国手抄本。

[4] 鲍桂星编:《高高祖桂星公年谱》,民国手抄本。

[5] 鲍鸿著:《楹联汇稿》,民国手抄本。

[6] 鲍集成辑,鲍漱芳参订:《疮疡经验》,手抄本。

[7] 鲍树民、鲍雷编著:《坊林集》,安徽文艺出版社1993年4月版。

[8] 鲍树民编著:《牌坊群里的故事》,黄山华地彩色印刷公司印刷。

[9] [明] 戴廷明程、尚宽等撰:《新安名族志》,黄山书社2004年5月版。

[10] 黄山市政文史资料委员会编:《徽州大姓》,安徽大学出版社2005年10月版。

[11] 朱世良、张犁、余百川主编:《徽商史话》,黄山书社,1992年5月版。

[12] 武旭峰著:《深入黄山的背后——找寻徽州》,广东旅游出版社2002年3月版。

后　记

接受写这本书的任务十分偶然，当合肥工业大学出版社副社长朱移山先生问我们可否接受编写《棠樾——徽州盐商文化研究》一书，我们不假思索就答应下来。因为我的舅舅洪渊复就住在棠樾，从我记事起，每年至少要到棠樾去几次，对棠樾是太熟悉了，写一本有关棠樾的书是我曾经想过要做的一件事。

我的外公洪基庆是歙县西乡洪坑人。洪坑村不大，现在还存在五座牌坊，其中世科祠前的世科坊记录了明清两代考取进士的洪亮吉、洪远（工部尚书）等22名进士。从有关资料得知，洪坑洪氏家族除出了众多的进士外，也是盐商家族。后来外公迁住在百花台。舅舅洪渊复新中国成立初定居在棠樾村是由于他的岳父吴仲坚的关系。据鲍鸿的《楹联汇稿》记载：太平天国战争结束后不久，丰溪的吴爵之棠樾开设了吴兴斋药铺，时间长达40年，后来就在棠樾前街买房定居下来。1913、1914年吴爵之夫妇先后去世，儿子吴仲坚才13岁，因此将药铺转让给鲍氏，改名为"鲍兴斋药铺"。吴仲坚生有二男三女，长女吴毓华就是我的舅母。由于新中国成立后舅母一直在设在男祠中的棠樾小学教书，就把家安在棠樾。由于这层关系，从小每年的春节，我都要去棠樾给舅舅、舅母拜年，寒暑假及平常节日也经常去。他们家一大家子人，好热闹。当时我去的路线是在古关过渡，由于大姨家住在潭渡背后的张家山，因此我先到大姨家玩，然后经过潭渡后村、赤坎村就到了棠樾水口，经过七座牌坊就到了舅舅家。从小是母亲带我去，走在那幽静、弯弯曲曲、一尘不染的石板路上，我就像进入仙境里；长大后是我自己去，对于那一座座牌坊，我开始想看懂上面的字，那"骢步亭"三个字是多么刚劲有力。工作后是我带旅游系的大学生去观光；再后来是我带着问题去走访和调查。时过境迁，但到棠樾的路就这样走了五十多年。

我在黄山学院旅游学院任教，较早时写过《浅谈黄山市人文旅游资源的保护、开发和利用》《潭渡历史上的村居环境》等论文，当时就到歙县西乡一带进行了一些田野调查，以棠樾为中心，辐射到槐塘、稠墅、蜀

源、唐模、潜口、郑村、雄村、西溪南等村子。在棠樾曾几次让舅舅带我到鲍树民先生和毕德修先生处走访，从中知道很多几近失传的故事。这期间，我的学生洪利群在棠樾牌坊群旅游公司当导游，后又成了鲍树民先生的乘龙快婿。这也给我提供了许多方便。由于这多层的关系，我自以为对棠樾是太了解了，所以敢冒昧接下这一写作任务。

其实，我的冲动还来自于对歙县盐商家族的一种情结，因为我这个"江"就是"新安东关济阳江氏"，从明代起，江氏宗族就和盐官和盐商有千丝万缕的联系。我每次到棠樾去，从七座牌坊下走过，总感到不是"忠孝节义"的简单排列，而是一定存在更深层次的起因。30 年前，对徽州文史有独特见解的舒征灌先生告诉我，清代立牌坊，要得到皇帝的御批，所花的银子比建造牌坊的造价要高得多，这种代价只有盐商才能承受，因此歙县的牌坊大多是盐商出钱为家族立的。这就无意中给我列出一个课题——徽州盐商文化。鲍树民先生认为，棠樾的牌坊群就是盐商鲍志道设计和修建，由鲍漱芳完成的。但是上述的这些牌坊中，与"盐"直接有关的牌坊只有棠樾"盐运史司鲍漱芳"的"乐善好施"坊。这也是徽州盐商文化的特殊性之一，把"业盐致富"隐去，只显示"忠孝节义"。

我们所做的工作，就是让棠樾这座盐商文化古村落得到有效的保护和重视，从盐商文化这条线索入手，揭开徽州古村落的神秘面纱，由此进一步探寻和触摸徽州文化的神髓和脉搏。

我要感谢鲍树民先生，是他十几年前就告诉我他家先祖特别是鲍象贤、鲍志道、鲍启运的事迹。我还要怀念逝世的舅舅和毕德修先生，他们为我提供了不少逝去的信息。最后还要感谢合肥工业大学出版社为出版此套丛书所做出的不懈努力，为古徽州的文化遗产保护做出新的贡献。

徽州